博物館の新潮流と学芸員

浜田弘明

神奈川大学21世紀COE研究成果叢書
神奈川大学評論ブックレット 34　御茶の水書房

一　博物館の歴史と現在

(1)「博物館」とは何か

私が担当している博物館学（概論）の最初の授業で、「生まれてから博物館に行ったことのない人」と質問すると、「博物館学芸員」（博物館で働く専門的職員）資格を目指そうとする学生にもかかわらず、毎年、かなりの数の学生の手が挙がる。しかし、その多くは誤認識で、実は博物館に何度も行っていたという学生がかなりいる。一般的にも言えることであるが、美術館が博物館であると気付いている人は多くとも、科学館や動物園・水族館までもが博物館であることを知る人は少なく、レジャー施設であると思っている人が意外と多い。日本には、博物館法という法律が一九五一（昭和二六）年に制定されていて、細かな問題はたくさんあるが、生き物を扱う動物園や水族館などども博物館とされているのである。

国語辞典の代名詞ともされる新村出編『広辞苑（第六版）』（岩波書店、二〇〇八）で、「博物館」という言葉を引いてみると「古今・東西にわたって考古学資料・美術品・歴史的遺物その他の学術的資料を広く蒐集・保管し、これを組織的に陳列して公衆の利用に展覧する施設。また、その蒐集品などの調査・研究を行う機関」と説明されている。この辞典では、古い時代の記述が現在も生きていて、これから想像される博物館は、郷土博物館あるいは東京国立博物館であろうか。この説明自体は決して誤ったものではないが、博物館が古色蒼然とした場所であるというイメージを醸し出していることは否定できない。具体的にみると「考古学資料・美術品・歴史的遺物」が博物館資料として挙げられ、「蒐集」「陳列」「公衆の利用に展覧する」といった、現在の博物館や博物館学の世界では、ほとんど用いることのない古い用語が並んだ説明となっている。日本人の博物館に対するイメージは、こんなところにも象徴されているのかも知れない。

そもそも、「博物館」ということばが誕生するのは幕末期のことで、日本語として定着するのは近代以降のことである。つまり江戸時代まで我が国には、「博物館」という概念自体が存在しなかったのである。このことばは、幕末期に幕府の遣欧使節団の文書に仮訳語として初出する外国語の訳で、ほかにも当時の訳語には、「百物館、博物所、究理ノ館」などという表現も見られる。同様に、今日の美術館には「芸術館」、動物園は「鳥畜園」などの訳語もあった。「博物館」が博物館として日本語に定着するのは、福沢諭吉の『西洋事情』（一八六六～六九、全十巻）がベストセラーになったことが契機で、この本により、美術館、動物園、植物園などの言葉とともに全国へ広まった。

日本で最初に設置された博物館は、現在の東京国立博物館（写真1）である。文部省博物局が、一八七二（明治五）年に東京の旧湯島聖堂大成殿で開催した、日本最初の博覧会を出発点としてい

写真１　東京国立博物館

る。この博覧会は当初、同年三月十日から二十日間の会期で開催される予定であったが、好評を博し四月末まで延長された。その後も、常設化の声が高まり、陳列品の一部をウイーン万国博覧会に送った後に、残った資料を月に六回一・六の日に公開するようになったものである。なお、現在地の上野には、一八八二年に移転している。

「博物館」は、英語ではミュージアム（museum）であるが、これはギリシャ語のムセイオン（μουσειον）をもとに、ラテン語のムーセウム（museum）が原典となったもので、フランス語でミュゼー（musée）、ドイツ語でムゼウム（museum）、スペイン語はでムゼオ（museo）などと表現される。ムセイオンとは、紀元前四世紀に、現在のエジプトのアレキサンドリアに誕生した学術総合施設の名称で、芸術や文化の神・ミューズの殿堂という意味を持っている。

今日、博物館は、第二次大戦後の一九四六（昭和二一）年に、ユネスコ（国際連合教育科学文化機関）の下部機構として発足した国際博物館会議（通称、イコム）によって、国際的に定義付けがされている。一九八九（平成元）年に採択された規約第二条においては、「社会とその発展に貢献するため、人間とその環境に関する物的資料を研究、教育及び楽しみの目的のために、取得、保存、伝達、展示する公開の非営利的常設機関」としている。

我が国では、社会教育法に基づき一九五一年に公布された博物館法第二条において、「歴史、芸術、民俗、産業、自然科学等に関する資料を収集し、保管（育成を含む。）し、展示して教育的配慮の下に一般公衆の利用に供し、その教養、調査研究、レクリエーション等に資するために必要な事業を行い、あわせてこれらの資料に関する調査研究をすることを目的とする機関」と定義されている。さらに、このうち地方公共団体（都道府県・市町村など）、公益法人（財団・社団など）、宗教法人、日本赤十字社・ＮＨＫが設置し、かつ登録を受けたもののみが法律上の博物館とされており、かなり限定的である。つまり、国立博物館は法律上、博物館ではないのである。

さて、博物館学を教える立場として、毎年、学生に博物館に対するイメージアンケートを取っている。それを見ると、学芸員資格を取得しようとしている学生でさえも、博物館のイメージとしてよく挙げられるのが「暗い・静か・堅苦しい・難しい」などであり、資料も「土器・石器・化石・恐竜の骨」などといったものが多い。一方、科学館や動物園・水族館も博物館であるということを知る学生は、「明るい・楽しい・きれい・発見がある」とそのイメージも変わって来る。どちらも日本の博物館の現実である。

国内にはさまざまな博物館があり、その名称も博物館・ミュージアム以外に、資料館・郷土館・歴史館・宝物館・記念館・展示館・保存館・参考館など歴史系のもの、美術館・彫塑館・絵画館・民芸館・工芸館など美術系のもの、文学館・文庫・文書館など文学・文書系のもの、科学館・技術館・科学センター・プラネタリウムなど科学系のもの、動物園・植物園・動植物園・水族館・野鳥園・昆虫館・標本館・サファリパークなど生物系のもの、民家園・文化園・鉄道公園など野外系のものと、実に多様である。

博物館の分類には様々な方法がある。文部科学省では、三年に一度実施する「社会教育調査」において、総合博物館・科学博物館・歴史博物館・美術博物館・野外博物館・動物園・植物園・動植物園・水族館の九つに分類して統計を取っている。見て分かる通り、この分類では美術館が「美術博物館」、科学館も「科学博物館」とされている。博物館法の上では、教育委員会が所管し学芸員を配置することや、年間一五〇日以上開館することなどを条件とした「登録博物館」、同様に年間一〇〇日以上開館することなどを条件とした「博物館相当施設」のほかに、法的規制を全く受けない（法律対象外の）「博物館類似施設」もあり、この三つに分類される。また設置者別では、法律上は公立博物館（都道府県立・市町村立など）と私立博物館（財団法人立・宗教法人立など）のみが対象であるが、現実にはこれに国立博物館が加わり三分類される。

写真２　国立科学博物館

日本の博物館行政をわかりにくくしているのは、国立博物館は博物館法の対象外の施設であるということである。つまり、国民が紛れもなく「博物館」と思っている国立博物館は、実は登録博物館にはなれないのである。国立館は現在、各独立行政法人法により運営されているが、東京・京都・奈良・九州にある四つの国立博物館と、西洋・近代・国際・新の四つの国立美術館はいずれも、文化庁所管の文化財保存施設となっていて、社会教育機関としての公立博物館・私立博物館とは立場を異にしている。唯一、国立で社会教育機関として設置されているものに国立科学博物館（写真２）があるが、これも国立であるがゆえに登録博物館とはなれないのである。また、国立民族学博物館（大阪府）と国立歴史民俗博物館（千葉県）のように、大学共同利用機関として設置されているものもある。さらに、各省庁が所管している博物館・資料館も多数ある。

このほか、利用形態による博物館の分類もある。主に大都市部に立地し、資料収集や利用者の対象が広範囲にわたる中央型博物館、主に観光地に立地し、展示を主としている観光型博物館、主に各市町村に立地し、資料収集も利用者も地域を対象とした地域型博物館がある。

このように日本の博物館は、混乱と曖昧さの中に存在しているのである。

(2) 博物館(学芸員)のしごと

博物館が博物館であるためには、基本的要素と基本的機能が必要とされる。基本的要素は三つあり、その第一は「もの」つまり博物館資料であり、第二は「ところ」つまり土地・建物・設備等の博物館施設、そして第三は、博物館を運営する学芸員を主とする博物館職員とその利用者である「ひと」である。「もの」がなければ博物館とは言えないし、「ところ」が無くして博物館は成り立たないし、また「ひと」がいなくては博物館は機能しない。つまり博物館とは、博物館資料という「もの」を媒介とし、それを置く博物館施設「ところ」を利用して、博物館職員(学芸員)が利用者である「ひと」に働きかける場であると言え、「もの」と「ひと」との結び付ける「ところ」なのである。

基本的機能としては、資料収集・整理保管・調査研究・教育普及の四つがある。収集・保管に関しては、資料収集の一連の流れであることから、これをまとめて一つの機能とし、収集保管・調査

写真３　民俗資料の収集

研究・公開教育の三つの機能とする立場もあるが、現場経験からは「もの」を選定・検討して収集するという行為と、それを整理・分類して保管する行為とはやはり違うものと考える。

「資料収集」は、「もの」を集めることであるが、限りある収蔵スペースや学術的価値などが考慮されるため、単に古いから、珍しいからというだけで収集されることはほとんどない。博物館は骨董品収集をしているわけではなく、対象となる物（「素資料」という）

の調査研究を行い、それによって得た情報（データ）を踏まえて収集している。それゆえに、資料の収集をする上で、「もの」の調査研究は欠かすことが出来ない。国宝や重要文化財など狭義の文化財に止まらず、時には日常的な生活道具類も収集対象とすることがあり、博物館資料の概念は広範にわたる。

その収集方法にはさまざまあるが、人文系の資料で最も多いのは、市民からもらい受ける「寄贈」である。また五年、十年という長期間にわたって資料を預かる「寄託」や、特別展の時などに短期間だけ借り受ける「借用」によることも少なくない。美術品などは「購入」する場合もあるが、近年は予算の削減に伴い、収集予算の確保は厳しい状況にある。土器・石器などの考古資料や、地質資料の化石の多くは「発掘」することによって収集される。また、昆虫や植物など生物資料の場合は、「採集」が中心となる。そのほか予算が必要となるが、展示資料として模型や複製品などを「製作」することもある。時には、博物館同士で資料を「交換」する場合もある。

「整理・保管」は、集めた資料を後世に残すことであるが、分類や修復・復元といった作業も伴う。博物館が資料を収蔵する場合、汚れているものはまず洗浄・清掃を行い、害虫やカビの害が心配される場合は、消毒・殺菌（くん蒸）も行われる。資料は、写真撮影や計測作業などを行って記録化し、収集の際に集めた情報などと合わせて、「資料カード」（図1）などに記載する。さらに、公共財産として「資料台帳」等へ記載する手続き等を経て、資料は博物館に登録される。その後、図書館の本と同様に、資料はそれぞれ分類された上で、図書館の書庫に当たる「収蔵庫」で保管さ

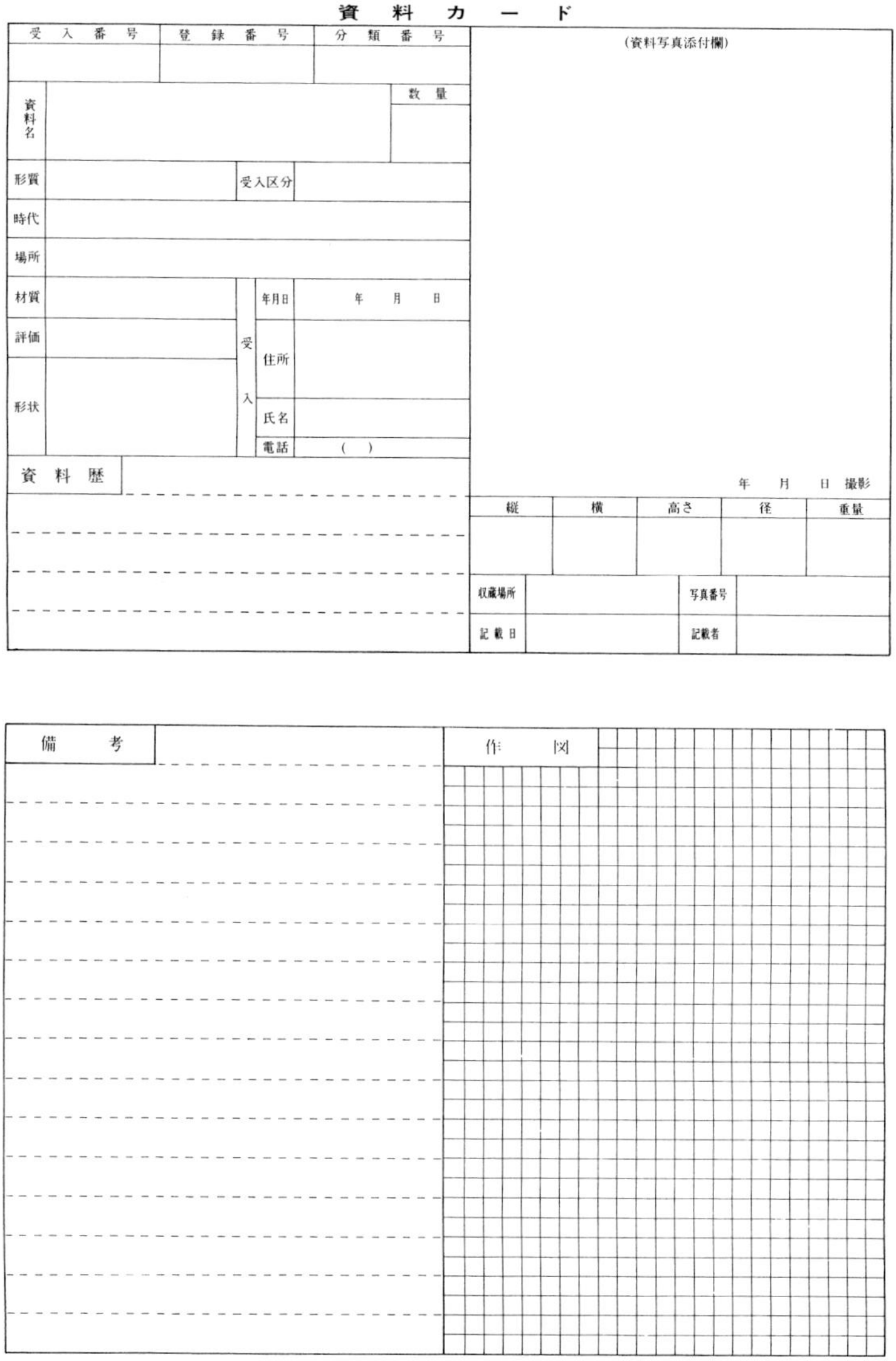

資料カード

受入番号	登録番号	分類番号	(資料写真添付欄)

資料名 ／ 数量
形質 ／ 受入区分
時代
場所
材質 ／ 受入　年月日　年　月　日
評価 ／ 住所
形状 ／ 氏名
電話　(　)
資料歴
年　月　日撮影

縦	横	高さ	径	重量

収蔵場所		写真番号	
記載日		記載者	

備考
作図

図1　資料カードの一例

れる。さらに資料を半永久的に保存するためには、収蔵庫で一定の空調管理を二四時間、三六五日行うことが必要で、日本の文化財の場合は、二〇度・六〇％前後の温湿度が良いとされる。

「調査・研究」は、資料を調べることが中心となるが、対象や内容は必ずしも専門領域に止まるものではない。一般に学芸員のしごと、ことに調査・研究に関しては、好きな研究をして給料がもらえてうらやましいとか、楽な仕事でいいといった誤解があるが、そのようなことはまずない。研究も趣味でするのとは違い、仕事として行う以上、さまざまな限界や困難があり、時には専門外のことについても取り組まなければならない。内容は、考古学、古文書学、民俗学など自分の専門領域の「学術的調査・研究」ももちろん行うが、「もの」を扱う博物館ならではの資料保存や修復方法などに関する「保存科学的調査・研究」、さらには当然のことながら展示や解説方法、利用者研究などに関する「博物館学的調査・研究」も取り組まなければならない課題である。このような観点からとらえると、学芸員は研究者であることはもとより、資料に関する技術者であり、教育者でもあるということが言える。

「教育・普及」は、資料を公開することが主になるが、直接的には展示によって行われる。学芸員の日常業務で大きな位置を占めるのは、いつ行っても見ることの出来る常設展示よりも、むしろ短期間に年数回開催される特別展示や企画展示に関するしごとである。開催のための企画や予算の立案から、展示資料の調査・借用交渉・資料運搬・展示作業に至るまで、作業は広範にわたる。このほか、狭義の教育活動としての展示解説・講座・講演会・野外観察会・見学会・体験発掘の実施

写真４　博物館での講座（相模原市立博物館）

など、日常的教育活動は館内外の広範囲にわたる。また、博物館実習生の受入をはじめ、小中学校への出前授業（博学連携事業）、公民館や図書館での出前講座など、学校教育や他の社会教育機関との連携も重要である。近年、展示解説や市民調査にボランティアとして参画する市民も増えているが、そうしたボランティア活動の支援や協力なども学芸員のしごとの一つである。普及活動に関しては、研究相談・レファレンスや資料の貸出・閲覧業務、図書・資料の公開など情報サービス、さらには、博物館ニュースやホームページの作成なども手掛ける。また、年報・紀要・報告書・目録・図録などの執筆・編集・校正に至る一連の出版活動や、ポスター・チラシの作成、マスコミへの情報提供・取材協力など広報活動にも関わる。

（3）今日の博物館

今日の博物館は、その社会的存在意義や位置付けとして、およそ次の四つを挙げることが出来る。その一つは、文化・教養施設としての意義・位置付けで、いまだに文化や政策の政治的シンボルとして博物館・美術館が建設されることが少なくない。二つ目は、レジャー・娯楽施設としての意義・位置付けで、科学館・動物園・水族館などはその代表格と言え、参加・体験の場として重要な役割を果たしているが、行き過ぎるとテーマパークと化してしまう懸念がある。三つ目は・生涯学習・社会教育施設としての意義・位置付けで、博物館はことに、生涯にわたる学習やボランティア活動の場として注目されている。四つ目は、地域活性化や観光振興策としての意義・位置付けで、都心・地方を問わず、まちづくりや村おこしの拠点として博物館を位置付けたり、新たな博物館づくりを進めたりしている。

このような流れの中で、博物館はただ資料を保存し、非日常を求めて展示を観覧するだけの場ではなく、市民生活に必要な場として浸透しつつある。その大きな契機となったのが、「地域博物館」の台頭である。旧来の博物館は、展示を中心に据えて、城下町や古都であるとか、国宝を有しているような町に設置されてきたが、一九七六（昭和五一）年に開館した平塚市博物館（写真5）は、そうではない町における博物館づくりのさきがけとなった。

平塚市域の一部は、東海道の宿場町ではあったが、第二次大戦中に空襲被害に遭い、多くの文化

写真５　平塚市博物館

財や歴史的遺産を焼失した。七夕で知られる町であるが、これは戦後の復興事業として始められたものである。国宝を持つわけでもない、そのような町に当時、博物館をつくることは、困難を極めたことが想像される。平塚市の博物館準備室では、従来型の展示中心の博物館ではなく、市民とともに活動する教育や普及活動を重視した博物館づくりを提案し、かつ行政区域にとらわれない「相模川流域の自然と文化」をメインテーマとして定め、博物館活動をしようという方針を打ち出したのである。こうした提案が出来たのも、準備段階から、学芸員を配置したからこそのことである。今日においても、準備室設置し、そこに学芸員を配置することは容易ではないが、平塚市では四〇年近くも前に、それを実現したのである。

開館後は、市民向けの講座や学習会が盛んに開催され、その受講生ＯＢらが中心となって、博物館を拠点としたさまざまな研究会が結成されるとともに、市民自らの参加による資料収集や調査活動、資料整理が進められ、まさに市民のための博物館活動を実現したのである。その活動成果は、特別展や企画展にとどまらず、何度かに及ぶ常設展示の改修に当たっても大きく反映されている。こうして、博物館は市民の生涯にわたってのボランティア活動の場、生きがいとしての学習活動の場として注目され始めたのである。市民の市民による市民のための博物館、それが「地域博物館」と言えるのかも知れない。このような形が、博物館における市民ボランティア活動の望ましい姿と考えるが、近年は、ただ働きしてもらえる労働力として、あるいは博物館の義務としてボランティアの受け入れをシステム化する博物館も少なくなく、当初の趣意とは異なるものも散見される。

また、従来の学校教育の中では、博物館は遠足や修学旅行の見学先の一つでしかないことが多く、必ずしも授業と一体化された利用形態とはなっていなかった。しかし、学習指導要領の改訂に伴い、一九九〇年代後半からは、社会科や理科学習を中心に、学校の教科による博物館利用も盛んになってきた。さらに、二〇〇二（平成十四）年から「総合的な学習」が導入されると、地域学習の場として、博物館は一躍注目を浴びるようになり、博物館の教育的役割は一層強くなったと言える。今日では、博物館と小中学校とが連携して、授業のサポートなどを行う「博学連携」が盛んになっており、博物館（学芸員）は、児童・生徒を受け入れるばかりではなく、学校への「出前授業」なども行い、博物館の理解者と未来の博物館利用者の開拓にも力を入れている。

そのほか、博物館の新しい活用法として、展示や資料の医学的・福祉的利用の検討も進んでいる。近年、昭和三〇年代ブームもあって、その時代の資料の収集や、当時を回顧する特別展示の機会や常設展示も増えてきている。ことに話題になっているのが、認知症（アルツハイマー）患者への昭和時代の展示や生活資料の活用である。回想法とか回想療法と呼ばれるこの手法は、お年寄りに対し、若かりしころの記憶を呼び起こすのに有効的な方法と言われ、こうした展示や資料収集は、福祉施設などにも広がっている。

さらには、博物館の概念自体も変わりつつあり、建物だけが博物館というわけではなく、地域の文化遺産や自然遺産全体を博物館的に保護し、活用しようとする地域も増えている。これは、フランスで一九六〇年代に始まった、「エコ・ミュージアム」という考え方の新しい博物館の延長と位置付けられる。我が国では、一九八〇年代後半から実現化が始まり、「生活・環境博物館」と訳されるが、地域丸ごと博物館・屋根のない博物館・青空博物館などとも呼ばれている。博物館を建設しようとすると初期投資は大きなものとなるが、エコ・ミュージアムでは拠点施設は必要なものの、博物館建設ほど大規模な予算を必要としないこと、エリアが広範囲にわたるため、地域生活や地域経済への波及効果が大きいことなど理由にブームとなっている。

博物館は、その概念が変質しつつあるとともに、資料や展示も、さらなる新たな価値の発見の時代へと展開しているのである。

二　博物館学と学芸員の養成

（1）博物館学とは何か

博物館学は古くて新しい学問である。先に述べたように、我が国に「博物館」という言葉が誕生しておよそ一五〇年、一八七二（明治五）年に東京国立博物館の前身となる「博物館」が東京・湯島に誕生して一四〇年ほどが経つ。しかし、「学」として博物館を本格的に研究するようになったのは、その後一〇〇年近くを経てからのことである。

その間の一九二八（昭和三）年に、現在の日本博物館協会の前身となる博物館事業促進会が発足し、専門雑誌『博物館研究』が創刊され、日本にも博物館研究の兆しがようやく現れた。その二年後の三〇年には、東京教育博物館（現国立科学博物館）の館長などを務めた棚橋源太郎（以下、棚橋）が、『眼に訴へる教育機関』（寶文館）という本（旧字のため「え」が「へ」となっている）を著し、博物館学の基礎がようやく形作られることとなる。「眼に訴える教育機関」とは、まさに博物館を指すものであり、内容も専門書的なものであったが、当時「博物館学」という言葉は、まだ用いられることはなかった。

博物館学を冠した専門書が初めて登場するのは、第二次大戦後の一九五〇（昭和二五）年のことで、先の棚橋が著した『博物館学綱要』（理想社）である。博物館法公布前年のことであった。翌五一年十二月一日に博物館法が公布され、博物館に「専門的職員として学芸員を置く」こととなり、大学でこの国家資格を養成する制度が確立し、大学での博物館学教育が始まった。しかし当時、テキストとすべき専門書は、棚橋のものが唯一であったことなどから、日本博物館協会では、学芸員養成のための博物館学テキストの制作に取り掛かった。

学芸員の資格要件などを定めた博物館法施行規則の公布翌年の一九五六年一月、本格的な学芸員養成テキストとして、日本博物館協会から『博物館学入門』（理想社）が刊行された。そのテキストの半分を占める「博物館学総論」を著したのは、当時、国立自然教育園（現国立科学博物館附属自然教育園）の次長を務めていた鶴田総一郎（以下、鶴田）である。この中で鶴田は、博物館の基本的構成要素を「もの・ひと・ところ（ば）」とし、基本的機能を「資料収集・整理保管・調査研究・教育普及」の四つとした。この考え方は、今日もなお日本の博物館学の基礎となっているものである。鶴田はその後、国立科学博物館事業部長となったが、早期に退職し法政大学で博物館学の初代専任教授を務め、後進の指導に当たった。私もその教え子の一人で、このテキストに沿った内容で博物館学を学んだ。

博物館学の専門書が次々と刊行されるようになったのは、一九七〇年代になってからであった。この時期、一九七〇年に博物館問題研究会（通称、博問研）が発足し、全日本博物館学会（以下、博物館学会）も、七三年にようやく発足するに至った。我が国に博物館ということばが誕生して、一〇〇年以上を経てからのことであった。博物館そのものの歴史は古いものの、学会が誕生してまだ四〇年ほどの博物館学自体は、新しい学問と言えよう。また今日においても、博物館学会の会員数は四〇〇名あまりと、他の学会に比較すると小規模な学会と言わざるを得ず、博物館学はまだ社会的認知度の低い学問となっている。

その一方で今日、全国で学芸員を養成する大学は、二〇〇八（平成二〇）年度の文部科学省の調査によれば三二〇校あまりを数え、学芸員資格取得者も年間一万人を越える。一方で、実際に博物館に就職する（できる）有資格者は、一％にも満たないという現実もある。さらに学芸員課程を有する多くの大学では、考古学や美術を専門とする教員が兼任の形で博物館学教育に携わっているのが現状となっている。現在もなお、純粋な博物館学研究者の絶対数は少なく、学芸員養成はしていても博物館学を専攻できる大学はほとんどないのが現実である。このことは、近年まで文部科学省科学研究費（以下、科研費）の専門領域に、「博物館学」という科目が存在しなかったということからも理解できる。博物館学会等の働きかけがようやく実り、二〇〇七年度から時限付きながら、科研費の分科細目に「博物館学」が置かれることとなり、その後、一一年度から、ようやく正式な科学研究領域に位置付けられた。その分野は、文化財科学や地理学と並んで「総合領域」に分類されている。棚橋の『博物館学概論』が刊行されて六一年、鶴田の「博物館学総論」刊行から五五年を経て、ようやく正式な科学研究領域として認められることとなったのである。

学芸員資格を取得する上で長い間、教育原理・社会教育概論・視聴覚教育とともに、博物館学は必修科目とされてきた。これら科目群の並びから分かるように、博物館学は教育学の一翼を成していることが理解される。これは言うまでもなく、我が国において博物館は、図書館・公民館とともに社会教育施設であり、博物館法の上位法令が社会教育法であり、教育基本法であるからにほかならない。

しかしながら実際のところ、学芸員として職を得るためには、教育学的知識や博物館学に関する知識よりも、個別の資料に関する専門性がより重視され、人文系であれば考古学や歴史学・民俗学・美術史、自然系であれば地質学や動物学・植物学・天文学などの博士や修士号を持つ専攻者が優位を占めるという現状にある。このため、ややもすると博物館学を学んでいない学芸員無資格者が、博物館の専門職として研究員等の肩書きで採用され、勤務するという形態が散見されるのも事実である。こうした現実は、診療科目については学んだものの、医師免許を持たずに病院で患者を診察しているに等しい行為と言っても良いのではないだろうか。つまり、他の資格制度と比較して、博物館の世界では、学芸員という資格や博物館学という学問が、非常に軽視されてきたとも言えるのである。

学芸員資格取得のための基本要件は、学士の称号を得ることであるが、この十年あまりの間、学芸員の高度専門職としての資格要件のさらなる向上や、大学院レベルにおける学芸員養成の必要性について、国においてもしばしば論議されてきた。しかし、博物館のことを学ばずに博物館に専門職として勤務することの問題点や、高度専門職化するにあたり、資料研究領域の専門性強化という問題のみに終始して良いのかといった、学芸員資質に関する本質的議論はほとんど見受けられないまま今日に至っている。

現在、学芸員養成は大学の学部において行われているが、そこにおける博物館学については、少しずつではあるが近年変化が見られる。一九五五年の博物館法施行規則（以下、施行規則）の制定以来、四〇年あまりの間、博物館学は一科目・四単位であった。一九九六年の施行規則改訂の際に、「博物館学」は博物館概論・博物館経営論・博物館資料論・博物館情報論の四科目・六単位へと見直され、二単位ではあるが増となった。博物館概論のほかに、経営論・資料論・情報論という博物館学としての専門領域の科目が明確化されたのである。これに従前からの博物館実習三単位が加わり、五科目・九単位が学芸員養成上の博物館学科目となった。

しかしこれでもなお、学芸員養成のための博物館に関する専門科目・単位数は、図書館司書や社会教育主事の養成科目に比べて少ないという問題点が、しばしば指摘されてきた。海外の学芸員制度と比較した場合には、雲泥の開きがあることも事実であるが、日本の学芸員のしごとの現状を踏まえると、我が国特有の学芸員制度のあり方を前提に考える必要があろう。

二〇〇六年から再び、文部科学省において博物館法の改訂に向けて、学芸員の資格制度並びに養成科目の再編を含めた論議が進められ、〇八年に博物館法が、翌〇九年に施行規則が再び改訂された。一二年度の大学入学生から博物館学科目のさらなる拡充が図られ、博物館実習を除く「博物館学」は、博物館概論・博物館経営論・博物館教育論・博物館資料論・博物館資料保存論・博物館展示論・博物館情報メディア論の七科目・十四単位へと見直され、三科目・八単位追加の大幅増となった。情報論は視聴覚教育メディア論と合体した形で情報・メディア論へと変わり、資料論には資料保存論・展示論が付加された。また、教育学概論に代わり、博物館教育論も専門領域として明確化された。現在は、博物館実習三単位を含めると、八科目・十七単位が学芸員養成上の博物館学科目となる。

すでに述べたように、我が国では、学芸員という資格制度と博物館学という科目の歴史は、博物館法とともに歩んできたのである。法的に大学の資格科目として博物館学が登場するのは、博物館法の四年後（一九五五年十月）に制定された、施行規則の中であった。しかし当時、我が国で博物館学は未確立の学問で、法制定当時に存在した博物館学の名を冠する専門書は、法制定前年の五〇年に刊行された棚橋源太郎の『博物館学綱要』（理想社）が唯一であった。最も棚橋自身が博物館法案の審議委員であったことから、逆に本書が博物館法及び同施行規則の骨格を成したと言っても過言ではないかも知れない。棚橋の博物館学は、戦前からの数々の欧米の博物館視察結果に基づくところが多く、記載的な輸入学問としての性格が強かった。

その後、施行規則の制定を受けて、本格的に日本の博物館学テキストとして作成されたのが、一九五六年一月に日本博物館協会から発行された『博物館学入門』（理想社）である。その中核を成す「博物館学総論」を著したのが鶴田総一郎であるが、この中で、

博物館の目的とそれを達成するための方法について研究し、あわせて博物館の正しい発達に
寄与することを目的とする科学である

と博物館学の目的を初めて定義し、

博物館学的方法と思われるものを、追求し分析して行くと、すべてこれ既成の基礎科学、またはは応用科学のいずれかに入ってしまい、何も残らないかのごとくにみえる。これに対して、結論からいうと、博物館学は、心理学を片翼とする教育学の未開拓の一分野として存在し、従って、これから研究せねばならぬ教育学の特殊な方法として、博物館学的方法が厳存するといえる。そしてこの方法の特殊性は、博物館資料という「もの」を媒介とし、「それをおく場所」（施設と土地）を利用して、人間に「働きかける」（教育普及）というところにある。前提条件は「もの」である。この「もの」は、教育・学術・文化等に関するあらゆる既成科学の方法によって取扱われるであろう。しかし、こうして整理保存された「物」は、物そのものであって、正確な意味での博物館資料とはいえない。これが公開されて人間に正しく利用されてはじめて意義があるのである。この一般科学資料は人に結びつくために再編成されなければならない。この場合「物」そのものは、かわるわけでも何でもない。結局、受入れる「人」の側からみた再編成となる訳である。この意味で物と人との結び付きを常に研究する科学的方法すなわち博物館学的方法といって過言ではない。そして、これは明らかに教育学の特殊な一未開分野である（以上、原文どおり）

と博物館学の方法についても明らかにした。

このテキストの中で、鶴田は博物館の機能を「資料収集・整理保管・調査研究・教育普及」の四つとし、博物館の構成要素として「もの・ひと・場所（ところ）」であることを定義付け、今日の日本の博物館学の基礎を築いたのである。

（2）経験の学としての博物館学からの脱却

各地の大学で学芸員養成課程の発足が隆盛するのと並行して、博物館学テキストとしての専門書も次々と刊行されるようになった。しかしながら、スタート当初から、大学における博物館学教育は、学芸員資格取得のためという性格のものであったため、理論よりも実践が重視される傾向が強く、「経験の学」としての博物館学が中心に展開され、その伝統は今日にも及んでいると言える。

先にも触れたが、大学の科目として存在しながら、博物館学が「学」となり得なかった時代は長く、博物館学研究者の全国組織としての博物館学会が発足したのが一九七三（昭和四八）年、博物館学の体系書として『博物館学講座』（全十巻）が刊行されたのは七八年から（八一年に完結）のことである。博物館法制定後三〇年を経て、ようやく日本の博物館学の体系化が進んだわけであるが、この時点での博物館学の水準を客観的観点から眺めると、相変わらず現場の実践報告や現状紹介に終始しているものが少なくなく、理論化はなかなか進んでいないのが実情であった。

これは、大学の教育体制や博物館学を専門とする人材育成の不十分さなどに起因しているところが大きい。博物館学を実際に担当する大学教員の多くは、博物館の資料分野、とくに多くを占める人文系の考古学や歴史学・美術史を専門とする研究者で、言わば片手間に博物館学の講義を受け持つという現実があった点は無視出来ない。このことは、専任の博物館学担当教員を置いている大学が極めて少ないという事実からもわかる。

二〇〇六（平成十八）年度に実施した全国大学博物館学講座協議会（以下、全博協）『実態調査報告書』（第十回）によれば、回答二一七大学のうち、博物館学を専門とし、専任教員として勤務している者は、わずかに十数名に過ぎない。中には「博物館学」の科目自体を、文化財学や考古学・美術史といった、他の科目と読み替えている大学さえあったことは驚きである。また、〇九年三月に文部科学省委託事業として丹青研究所が刊行した『大学における学芸員養成課程及び資格取得者の意識調査報告書』では、博物館学を担当している教員でも、二六％あまりは学芸員資格を保有していないという結果も出ている。

つまり、これまでの我が国の学芸員養成や博物館学教育は、考古学・日本史学専攻者が主導してきたこと、その結果として考古学や文化財学と博物館学とが混同されてきたことなどが、博物館学の進展を阻害し、博物館の現場において資料の専門性のみが重視される結果を生んできたという構図が浮かび上がる。また、このことは、文化財学科を設置する大学はあっても、純粋に博物館学を学科や学部として設置している大学が我が国ではほとんどないという現状からも理解される。

博物館のことを専門に学べる大学は、常磐大学（水戸市）のミュージアムマネージメント専攻、東京学芸大学の博物館学副専攻など、極めて少ない状況にある。そのほか近年、私の勤務する桜美林大学では、二〇〇七年度からリベラルアーツ学群に博物館学副専攻が設けられ、一〇年度からは、国学院大学大学院に博物館学専攻コースが設置されるなど、多少の動きが見られるが、まだまだ少ないのが現状である。学芸員養成制度が発足して五五年以上が過ぎた今日もなお、我が国には博物館学を専門とする研究者・専門家の育成体制は全く不十分なのである。

また、博物館学関連の講義を外部の非常勤講師に任せる大学も多く、その大半は現場の博物館学芸員である。しかし、この学芸員も考古や歴史など資料分野の専門家ではあっても、博物館学の専門家というわけではない。いずれにしても、大学教育における博物館学の多くは、今日もなお、博物館における実践論を中心に展開されているということが言え、日本の学芸員の専門性の高度化を図るためには、この博物館学教育を根本から見直す必要があろう。つまり、博物館学の専門家の養成なくしては学芸員養成の高度化はあり得ず、大学院における博物館学研究及び博物館学教育の重要性は、真剣に検討され論議されなければならない課題と言える。

さて、今日、博物館の現場で求められる学芸員としての最低限の知識や技術・能力を眺めてみると、二分化の傾向にある。一つは、県立や政令市などの大型博物館における学芸員採用要件に見られ、学術研究能力つまり専門性を重視するもので、大学院修士修了を基本要件に細かい専門分野指定をするものである。極端な場合は、学芸員資格よりも修士号や博士号の方が優先されることさえある。しかし、専門性をうたいながらも、現場では対市民の教育事業や事務的業務にも従事するという現実がある。もう一つは、大多数を占める市町村の小規模な博物館の採用要件に見られるような、専門性よりも対市民の教育事業や事務的業務を含め、広い分野をカバーし、何でもこなしてくれる人材の登用である。この場合、残念ながら学芸員有資格者であっても、一般行政職として採用されるケースが少なくない。つまり、学芸員の高度専門職化と言っても、現場では二つの側面があり、資料に関する専門性のみではなく、博物館教育や博物館経営など博物館業務全般に精通した専門性も重要となってきている。博物館の大小を問わず、学芸員の高度専門職化には、博物館学の知識が必要不可欠になっていると言える。

文部科学省では、このたびの博物館法改正の検討を進めた「これからの博物館の在り方に関する検討協力者会議」（以下、協力者会議）から、二〇〇七年六月に『新しい時代の博物館制度の在り方について』という報告書を刊行している。ここには、学芸員養成制度の見直しが論点として組み込まれており、養成科目の見直し、実務経験の重視、学芸員資格の階層化、さらには大学院での学芸員養成の検討などが掲げられている。学芸員の職務の多様化・高度化に対応しての「博物館に関する科目」の見直しについては、

① 資料（コレクション）への対応
資料の収集・保存・管理といった資料の取り扱い・ドキュメンテーション

② 交流（コミュニケーション）・教育への対応
展示の理論・手法、プレゼンテーション等による知識・技術、博物館における教育や学

習支援能力

③　経営（マネージメント）への対応

博物館の経営・運営に関する知識・技術

という三つの方向性が明示されている。つまり、現状の博物館資料論や博物館経営論に加え、博物館展示論や博物館教育論、博物館資料保存論といった新たな科目の設定を想定していたことがわかる。博物館における教育事業の重視化より、学芸員にもコミュニケーション能力が強く求められるという結果になっている。

この協力者会議において、大学院における専門教育に関しては、今後の検討課題としているが、報告の中で「大学院に博物館学及び博物館資料等に関する専門的な科目を位置付け、例えば大学院の各分野の研究成果を、収集・保存、展示、教育普及等の具体的な博物館活動として展開する知識・技術を身に付けられる養成教育を検討することが必要である」としていて、「大学院における博物館学」の位置付け等を促している。

その後、二〇〇九年二月に、協力者会議は第二次報告書として『学芸員養成の充実方策について』を刊行している。本報告は、施行規則の改訂に向け、「博物館に関する科目」と「学芸員資格認定」の見直しが柱となっている。今回（二〇〇八年）の法改訂では結局見送りとなった「上級学芸員制度」に関しては、「大学院における教育の充実を図ることや上級資格をはじめとする高度な人材の認定も視野に入れた検討」を、引き続き将来の課題としてうたっている。しかし、大学における学芸員養成教育については、「博物館についての知識理解を深めるのみならず、専門的職員たる学芸員としてのスタートが切れるだけの基本的な素養を身に付けるようにする必要」があり、「〝博物館のよき理解者・支援者の養成の場〟と位置づけるのではなく、学芸員として必要な専門的な知識・技術を身に付けるための入口として位置づけることが必要である」と結論づけている。

(3) 近年の学芸員や博物館学に関する各種論議

高度専門職としての学芸員養成のための方向性を検討するに当たり、ここ十年数ほどの間に文部科学省をはじめ、日本博物館協会や日本学術会議においても制度的・学術的観点から論議がなされ、報告されている。ここに、主だった内容を紹介しておくこととしたい。

一九九六(平成八)年四月の生涯学習審議会社会教育分科審議会報告「社会教育主事・学芸員及び司書の養成、研修の改善方策について」を受け同年に、一九五五(昭和三〇)年の施行規則制定以来、四一年ぶりに博物館学科目が四単位から六単位へと拡充が図られた。この時、「高度化・専門化する学芸員の業務」を的確に遂行できるよう、「博物館に関する基礎的知識に加え、博物館経営や博物館における教育普及活動、博物館資料の収集・整理保管・展示、博物館情報とその活用等に関する理解と必要な知識・技術の習得を図る必要がある」とされた。また、現職学芸員の研修については、「各専門分野の博物館資料の収集・整理・保存、企画展示の方法、教育普及活動」などの内容があげられた。さらに実施には至らなかったが、学芸員の高度な専門性を評価するため、専門分野を付記した「名称付与制度」についても報告されている。この時の高度な研修体制は、大学ではなく国・都道府県・博物館関係団体で整備することとされ、専門性は「専門分野」による評価となっていた。

その後の、一九九七年三月の「学芸員の資質向上の在り方に関する調査研究協力者会議」報告「自然科学系学芸員の体系的な現職研修の実施について」においても、「学芸員の高度で実践的な専門性を評価する制度」について研究し、「専門性を評価する名称を付与する制度」を設けることが提言されている。

一方、大学に対しては、一九九六年四月の生涯学習審議会答申「地域における生涯学習機会の充実方策について」の中で、同年一月の学術審議会学術情報分科会学術資料部会報告「ユニバーシティー・ミュージアムの設置について―学術標本の収集、保存・活用体制の在り方について―」を受け、「ユニバーシティー・ミュージアム設置して学術標本の多面的活用を図ること」や、「学芸員の現職研修への協力や研究活動への援助」などについての期待が示されている。

二〇〇〇年二月の日本博物館協会による、文部科学省委嘱事業「博物館の望ましいあり方」調査研究委員会報告『「対話と連携」の博物館』では、「新しい博物館の『機能』と『条件』」の項の「人材（学芸員）・専門職の養成」の中で、「大学における博物館学講座により取得される学芸員資格は、その質を高める必要があ」ることから、「大学院または博物館で長期実習のうえで取得可能とすべき」と提言している。この内容は、今日しばしば話題にされるインターンシップ制度を念頭に置いたものとなっている。また、パソコン技術も問われる現場の職務を念頭に、「学芸員課程のカリキュラムに情報機器入門およびコンピュータ(グラフィックスを含む)専門科目を導入すべき」としている。

また、二〇〇一年三月の日本博物館協会『「対話と連携」の博物館(要旨)』の中では、「大学院においては、専門知識の高度化への対応と、博物館学的専門職業人養成との両面を考慮したカリキュラムの充実」を求めている。そして、「専門知識には、博物館資料に関するものと、博物館学的なものとがあげられる。後者には展示、資料の保存・修復、博物館教育、経営、マーケティングなどがあるが、特に後者に関する研究の充実が求められている」とし、大学院における博物館学の研究と教育の必要性が強調されている。

その二年後の、二〇〇三年三月の日本博物館協会『博物館の望ましい姿―市民とともに創る新時代博物館―』においては、マネージメント・コレクション・コミュニケーションを三つの柱として、「学芸員は、専門分野における研究能力と深い専門知識を持つとともに、経営を含めた博物館活動の全般について広範な知識と経験をあわせ持つ」ことを具体目標としてあげている。

さらに、二〇〇四年三月の中央教育審議会生涯学習分科会報告「今後の生涯学習の振興方策について(審議経過の報告)」では、「博物館の学芸員等の専門性を高めるため、資質向上のための資格要件の向上」とともに、「現職者に対して、定期的に再教育し、資格を更新していく」という仕組みや、「高度な専門性を評価する制度について」の検討意見が加えられている。ここでは、学芸員資格についても、教員免許と同様に更新制度の導入がうたわれた。

同年三月の日本博物館協会の「博物館運営の活性化・効率化に資する評価の在り方に関する調査研究委員会」報告「体制・税制委員会の審議状況」では、「博物館の事業や運営を円滑に進めるためには、資料に係る学問分野に関係する専門知識・技術とともに、資料の保存や事業展開、経営など博物館学に関する広い視野の専門性を身に付けることが不可欠」で、「そのような資質を備えた専門職員を上級学芸員として、大学院で養成する制度を創設」する必要があるとし、大学院での「上級学芸員」養成制度の必要性が示され、その「資格を更新する」こととしている。

そして、二〇〇七年六月の協力者会議報告書『新しい時代の博物館制度の在り方について』では、「新たな養成段階の可能性」の項のサブタイトルを「大学院における専門教育の必要性」とし、「今後、大学院に博物館学及び博物館資料等に関する専門的な科目を位置付け、例えば大学院の各分野の研究成果を、収集・保存、展示、教育普及等の具体的な博物館活動として展開する知識・技術を身に付けられる養成教育を検討することが必要」としている。報告書の「別紙」では、さらに「大学院における資格付与制度を整備」するための前提として、「大学院と博物館が協力し、教育プログラムの中に博物館実務を十分に含める」としている。

そのほか、二〇〇六年三月の丹青研究所による文部科学省委託調査研究報告『博物館制度の実態に関する調査研究報告書』によれば、全国の学芸職員の三二％が修士号以上を取得しており、大学院での博物館学教育や学芸員養成の必要性はますます高くなっていることをうかがわせている。同研究所では、〇九年三月にも文部科学省委託事業の『大学における学芸員養成課程及び資格取得者の意識調査報告書』を刊行している。その中の現場の学芸員を対象とした調査結果を見ると、実際のところは、日常業務の中で調査研究活動に割くことの出来る時間は一割で、展示活動に三割、その他の教育普及活動に二割が充てられており、全体としては半分が教育普及に関わるしごとであることがわかり、展示・教育普及活動を展開するための知識や技術がとくに求められているのである。

日本学術会議においても、しばしば博物館に関する問題が取り上げられ、各種の報告等がなされている。国立博物館等の独立行政法人化が進められる中で、一九九九年七月に芸術学研究連絡委員会では、「国立博物館（芸術系）・美術館の今後の在り方について」と題する報告をまとめ、研究水準の低下を懸念して「調査・研究機能の重視」をあげ、「調査・研究、展示活動、作品・資料の購入、作品の保護・修復、教育・普及活動、情報の公開など」の業務を行う「必要な人員と予算の確保」を掲げている。とくに「学術的知見を十分に所有する必要人員の確保がはかられなければならない」としている。

二〇〇〇年二月には、歴史学研究連絡委員会から「歴史資料の検証とその社会的活用について」報告がなされ、「学芸員個人の能力・資質や過重負担にもっぱら依存する割合が高」いため、「博物館・資料館などは、地域・時代・分野の広がりに見合う学芸員を配置することが重要」であるとしている。

さらに二〇〇二年三月には、学術基盤情報常置委員会から「行政改革と各種施設等独立行政法人化の中での学術資料・標本の管理・保存専門職員の確保と養成制度の確立について」と題する報告が提出され、「学芸員・コンサベータ等は大学院レベルの専門的知識が要求される」ことから、学芸員課程の大学院教育との連携の必要性をうたっている。また、アーキビストに関しては「大学院レベルでの教育の拡充」、「資料・標本の管理・保存の専門職員である、いわゆるキュウレータ・コンサベータの養成について」は、抜本的検討と早急な養成計画樹立の必要性をうたっている。

その後、同じく学術基盤情報常置委員会から二〇〇三年六月、「学術資料の管理・保存・活用体制の確立および専門職員の確保とその養成制度の整備について」報告がなされ、図書館・博物館の高度化に対応した「専門職員の十分な養成・研修制度の確立」が掲げられている。同報告の「参考資料1」の中では、博物館の学芸員等専門家の育成の体系が不備で、大学院水準の教育体系がないことの指摘をしている。また、公文書館職員については「より高度の専門職員の養成を目指した大学院課程の設置とそれに対応した資格制度の導入」が必要であるとしている。

人文系のみならず、自然系においても学芸員の専門性について論議が盛んに行われるようになり、二〇〇三年六月に動物科学研究連絡委員会と植物科学研究連絡委員会では、「自然史系・生物系博物館における教育・研究の高度化について」の報告をまとめている。学芸員の待遇改善をうたうとともに、「学芸員資格制度の整備」の中で、例えばとしながら、博士号学位取得者を資格取得の最低要件とした「シニアキュレーター」制度の創設を提言している。また、博物館職員の再教育制度として「大学・大学院と指導的立場にある博物館に横断的なカリキュラムを持つ『博物館高度化機構』を設置」し、環境整備することも提案している。

二〇〇六年一月には、日本学術会議主催で公開講演会「博物館が危ない！美術館が危ない！」が開催された。翌〇七年五月、同会議では、この講演会とそれ以前の各種報告などを受け、「博物館の危機をのりこえるために」と題する声明を発表した。この中の「新たな学芸員制度」の項目では、「現状の学芸員制度に加えて、より上級の学芸員資格を設け、学芸業務に携わる人々の専門性を高めると同時にキャリアパスを保障し、より多様な社会的ニーズに適切に応えることのできる優秀な人材を養成すると同時に確保することが必要」であるとしている。学術的観点からも、人文系・自然系を問わず、大学院教育で学芸員の専門性を担保することの重要性が示されている。

三　現代に生きる博物館

(1) 地域博物館の市民利用

地域博物館という概念が誕生して、三〇年以上が経った。二一世紀を迎え、今改めて地域における博物館の存在意義や活動のあり方が問われている。一九八〇年代以降、多くの公立博物館の基本構想や活動理念には、この地域博物館という言葉や、その具体的展開としての「市民に開かれた博物館（活動）」という言葉がうたわれてきた。「市民に開かれた」という言葉はよく目にするものの、一体、具体的に博物館の何をどのように「市民に開く」のかということを考えた時、それはとても重みのあるものであることに気付く。漠然としながらも、地域博物館の名乗りをあげている博物館は、市民＝地域住民との連携を前提とした活動を目指しているのは事実であろう。

すでに述べたように「地域博物館」とは、平塚市博物館が提唱した博物館のあり方である。一九七七（昭和五二）年刊行の同館『年報　第一号』では、「一つの事柄を学問分野にとらわれないいろいろな見方から知ることの出来るような博物館」で、「教育普及活動を重視し、テーマを持つ総合博物館」であって、「市民に何度も足を運んでもらえるような密接なつながりが、絶対条件として要求される」博物館であると定義付けている。また、これからの博物館のタイプを表わすことばに、「第三世代の博物館」という表現がある。これは、竹内順一の提案を伊藤寿朗が再構築したもので、伊藤は「地域博物館論」（『現代社会教育の課題と展望』一九八六、明石書店）の中で「参加し体験するという、継続的な活用を通して、知的探求心を育くんで行く（要求を育くむ）ことをめざす施設であり、日常的利用が可能な場所に設置されることが条件」であると定義している。

博物館や資料館は、学校の週五日制や「総合的な学習」の導入に伴ない、総合学習の場、週末の自主学習の場としてクローズアップされてきた。博物館と学校との協力や連携の重要性から、「博学連携」という言葉もよく耳にするようになった。博物館は、自ら見て、触って、試して、考える、参加・体験型学習の場、ハンズ・オン教育の場として、地域におけるもう一つの教室になりつつある。

一方で、博物館は、社会人や高齢者の生涯学習の場としても注目を集め、市民の大学として市民向けの多彩な講座を開催したり、ボランティア活動の場として、展示解説や資料整理・調査研究に市民ボランティア制度を導入している博物館も少なくない。博物館はもはや、単なる展示観覧施設ではなく、利用者自らが働きかけ、活動する場として認識されつつある。

では、具体的に地域博物館は、市民にどのように利用されているのであろうか。私はかつて、地域博物館である平塚市博物館と羽村市郷土博物館（東京都）において、市民利用の実態を調査させてもらったことがある。その際に最も注目したのは、博物館をどのような人々がどのように利用しているかという点であった。当然のことながら、利用者は地元住民ということになるのであるが、そこには自宅と博物館との距離による利用頻度の差異や、利用方法に階層性があることが確認された。

年齢構成は、両館とも小・中学生や高齢者の利用が他の年代層に比べて多い傾向にあり、これは、多くの博物館に共通するものと思われる。私が以前勤務していた相模原市立博物館で、来館形態を調査した時は、幼児や小学生とその親から構成される家族連れ利用者が六〇％以上を占め、近郊都市の博物館では家族連れが多いという特性が見られた。年齢層で人口に比べて利用頻度が低いのは、高校生・大学生から二〇代の社会人にかけての若年層で、壮年層の男性も主婦層に比べると低い傾向にある。若年層にとっては、博物館よりも楽しい場所がたくさんあるであろうし、壮年層

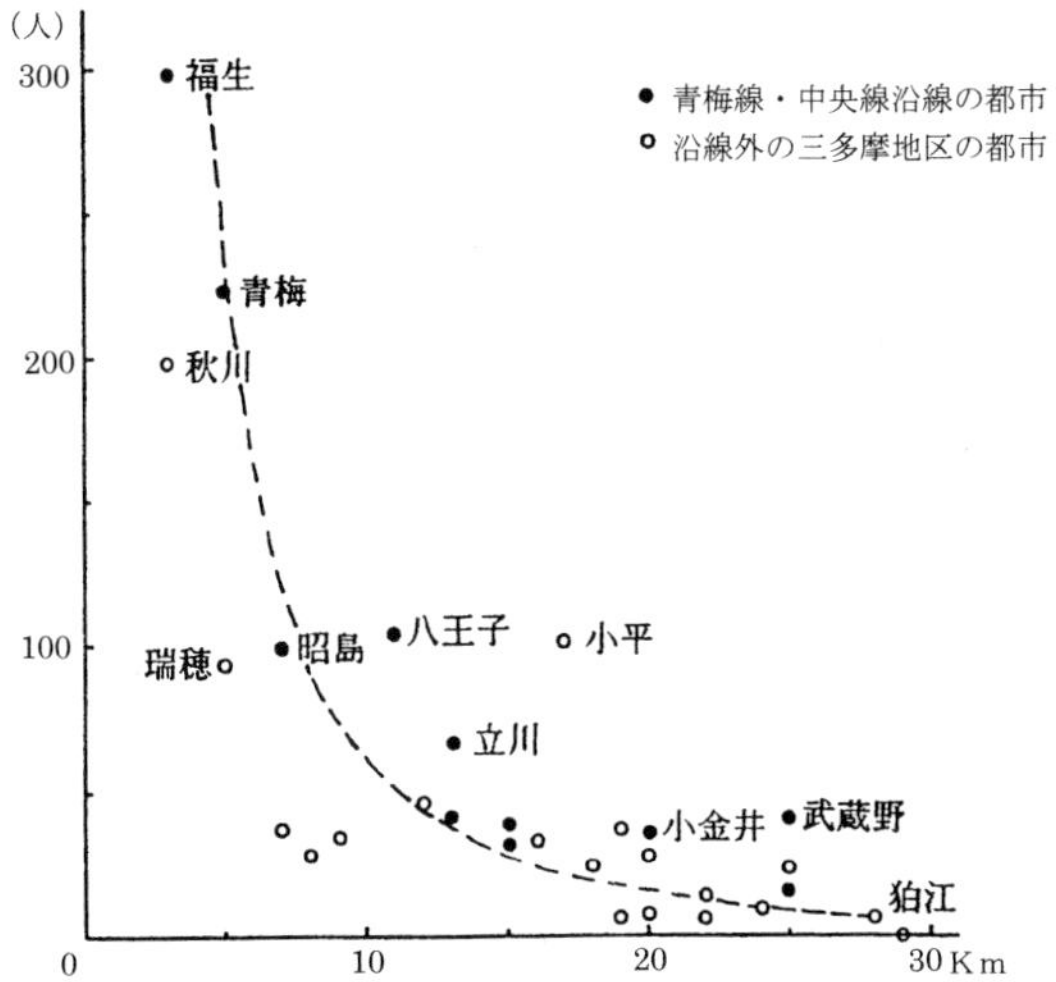

図２　博物館の利用者数と距離との関係
資料：羽村町郷土資料館（当時）「入館表」(1985.10 ～ 1986.3) より集計。

の男性は仕事に追われているという背景をうかがい知ることが出来る。また利用内容については、いずれの年齢層も常設展示の見学が最も多いのであるが、特別展を見学したり、博物館が開催する講座に参加するという、やや高度な博物館利用者は成人に多い傾向にある。

　また、子ども・大人を問わず博物館の利用者は、近い地域の住民ほど多いことが確認された。羽村市郷土博物館は、市域の外れに位置し、最寄りの駅からのアクセスも悪いという条件にある。その結果、全体として利用者の多くは半径五㎞圏の居住者で、三〇㎞以上離れた地域からやってくる利用者はほとんどいないという結果となった（図2参照）。さらに、距離を尺度として細かく分析すると、統計上の数値ではあるが、半径一㎞圏内の地域住民は圏内総人口に対して一〇〇％以上の利用があり、三km圏内では三〇％、五km圏内では四％と激減し、一〇kmを超えると一％に満たない数値になるという、興味深いデータを得た。

一方、平塚市博物館は、市役所に隣接した市街地に位置し、東海道線の駅からも徒歩圏内にあるため、立地条件としては羽村市よりもはるかに良い。そうしたこともあり、初めての来館者に限ったデータでは、尺度は時間であるが、一時間以上の時間かけてやって来る利用者が約四割を占め、うち、二時間以上かけてやって来る遠距離利用者も一割に達する。このことは、一過性的利用者に限っては、地域博物館と言えども、交通の利便性が良ければ、かなり遠方からやって来る可能性があることを示唆している。しかし、反復的利用者（リピーター）となると、羽村市のケースと同じように、地元住民に占められ、三〇分以内の居住者が占める割合は、二～五回の利用者で五〇％を超え、六～十回の利用者では六〇％、十一回以上の場合は七五％以上を占め、もはや一時間以上の時間をかけてやって来る利用者はほとんどいない（図3参照）。

つまり、博物館の熱心なリピーターとなり得るのは、博物館から三〇分以内の居住者ということになる。来館方法は、徒歩もしくは自転車が中心と考えられる。この三〇分という時間を距離に換算して考えると、徒歩の場合、時速四kmを一般的速度とすれば二km、自転車の場合は、時速十kmを一般的速度とすれば五kmがリピーターの居住半径ということになる。また、家族連れの場合は、自家用車の利用が考えられるが、市街地の平均走行時速は二〇kmほどであることから、最大半径でも一〇km圏内が博物館リピーターの居住半径ということになる。

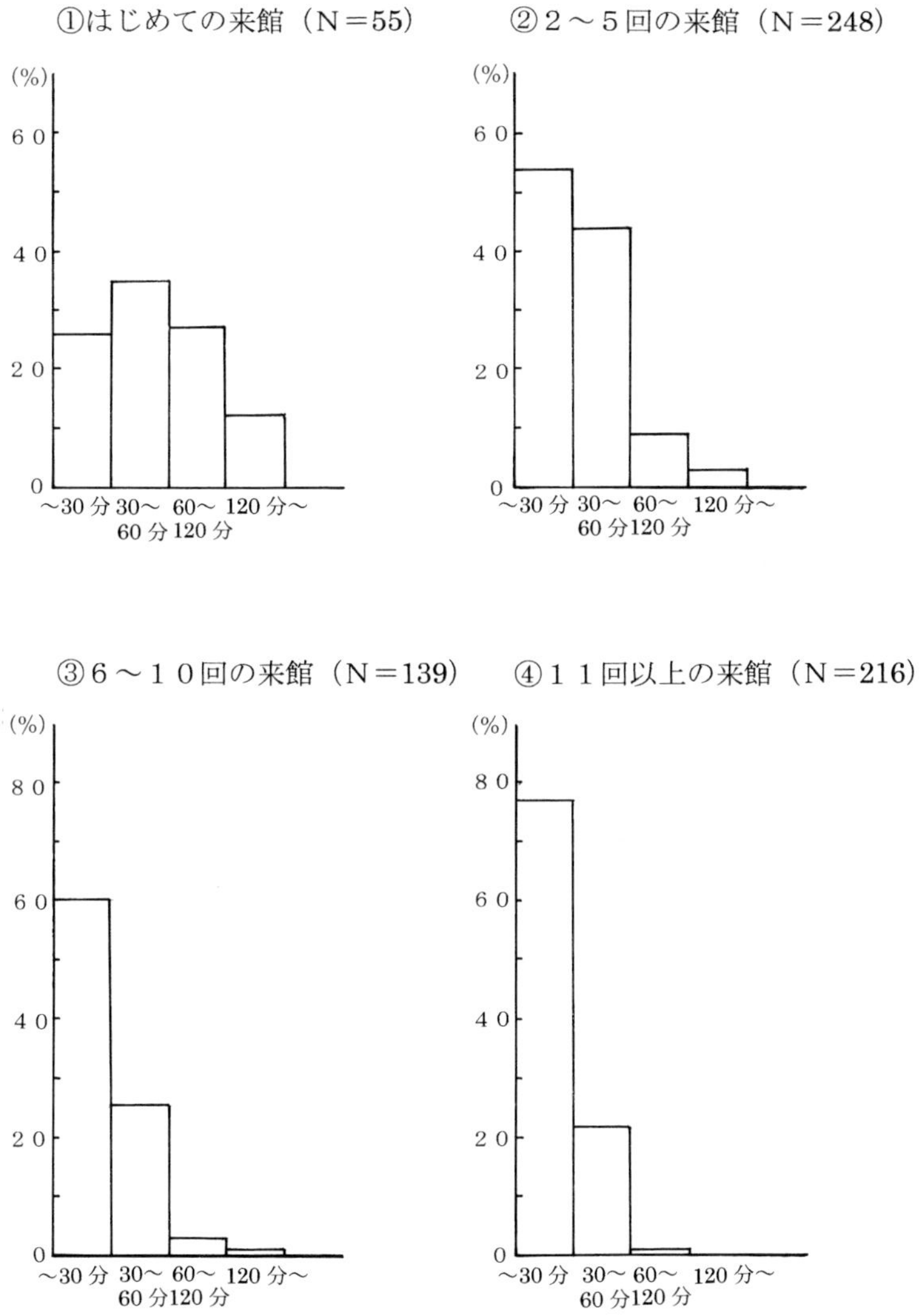

図３　博物館の利用回数と所用時間との関係（N＝サンプル数）
資料：平塚市博物館「火山と地震」展（1978）アンケートより集計。

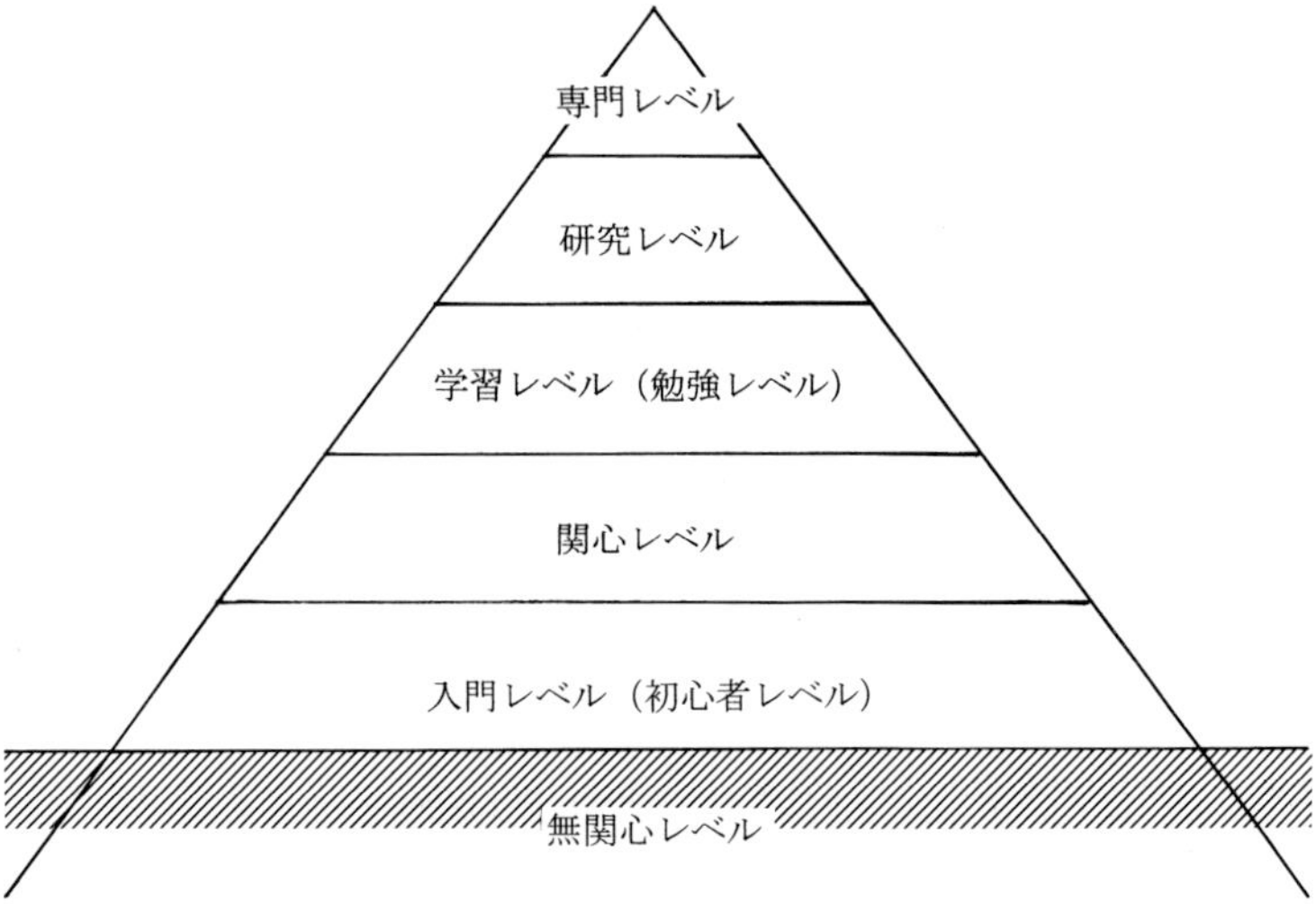

図４　博物館利用者の階層性
資料：筆者作成。

こうしたデータから、この距離圏に住む住民の年齢層や学習志向を分析することによって、その地域に合った博物館の活動計画を立案することは極めて有効的であり、リピーター確保に貢献出来るものと考える。これはいわゆるマーケティングの手法であるが、スーパーマーケットやコンビニエンスストアの出店など商業の分野では、当然のリサーチとして行われているもので、図書館や保育所の建設においても実績のある手法である。しかし残念ながら、博物館の世界では、いまだにこうしたことさえ、ほとんど行われていないのである。

また一概に、博物館利用者といっても、利用目的にはさまざまな階層性が見られる（図4参照）。最も多い利用は、もちろん常設展示の見学であるが、一過性的利用者も多い。

またリピーターの中でも、特別展や企画展の見学を中心とする利用者もいれば、講座などの博物館行事に積極的に参加する利用者もいる。さらには、ボランティアの場として博物館を利用する市民や、専門的研究相談で利用する市民までさまざまである。

しかし、最も多いのは博物館にやってこない市民であろう。こうした博物館の非利用者は、積極的に考えれば将来開拓すべき潜在的利用者と言って良く、ここでは「無関心レベル」と位置付けた。人口七二万人の相模原市の場合、これに相当する博物館から半径五km圏内の居住人口は、約五〇万人を数える。最も多い利用者である常設展示見学者は、年間に十万人以上いるが、これらは博物館の基本的利用者であることから、「入門レベル」もしくは「初心者レベル」と位置付けられる。数回目のリピーターが中心となるが、特別展・企画展の見学者や情報検索に訪れる利用者は、年間数万人いて、初心者以上に博物館への関心を持っていることから「関心レベル」と位置付けられる。講座・講演会など博物館の行事参加者については、年間に延べ数千人おり、これらの利用者は学習意欲の高い利用者であることから「学習レベル」あるいは「勉強レベル」と位置付けられる。さらに、学芸員への研究相談のために訪れたり、研究のために収蔵資料の閲覧を希望する高度な博物館利用者は、年間数百人いるが、これら利用者は「研究レベル」と位置付けられる。そして、学芸員と共同研究を進めたり、ボランティアとして博物館活動の支援をしてくれる特定利用者は数十人いるが、これらの利用者は「専門レベル」と位置付けることが出来る。このように、博物館を利用する市民は、幼児から研究者までさまざまであるが、これらすべての利用者対応を行うのは学芸員なのである。

（2） 地域博物館の展示と資料

さて、今日の地域博物館を主とする公立博物館における展示を見ると、その多くは通史の形を取った展示となっている。総合系の博物館の場合で言うならば、地質時代に始まり、原始・古代から中世・近世へと進んで、近現代のコーナーへと至るのが一般的な流れで、民俗資料は近代（場合によっては近世）、動植物は現代の部分に組み込まれるケースが多い。公立博物館が、地域の歴史を実物資料によって示すことは重要なことであるし、実務上も展示計画の際には時系列に沿った資料配列が最も楽であり、さらに学校教育の立場からも通史展示の要望が強いのも事実である。しかし、ここで問題にすべきは、通史展開の仕方である。もし、地質時代・原始時代に始まって、現代で通史の叙述を終えていたとしたならば、通史展示を支持したい。しかし現実の展示を見ると、民俗資料が近世あるいは近代のコーナーに展示されるべきかなど、細かい問題はあるが、いまだに戦後の現代が満足に表現されていない博物館は少なくない。国立歴史民俗博物館も、高度経済成長期の展示がオープンしたのは、ごく最近の二〇一〇（平成二二）年三月のことである。このように、過去の事象のみに展示を終始している博物館が地域において、果たして現代的課題を考える場となり、住民の生活課題の解決への手掛かりを提示する場となり得るであろうか。以下、地域博物館における現代の叙述に焦点を絞って述べることとしたい。

博物館が展示を構想する時、限られた時間と、限られた人材、そして限られた資料の中で行われるのが実際で、そこにはさまざまな問題が存在している。なぜ、現代が表現されないのか、また、出来ないのかということをたどって行くと、これも多くは、「ひと」と「もの」の問題にたどり着く。多くの博物館では、計画段階に現代を担当できる人間（学芸員）がおらず、かつ展示すべき現代の資料が満足に収集されていないことが、大きな理由としてあげられる。さらに、公立博物館における展示計画の際に抱える最も大きな問題は、現代を展示表現しようとした場合、内容によっては行政との利害関係が大きい事象もあり、生々し過ぎて好まれないという現実もある。それはかつて、公立博物館で「公害」を取り上げることがタブー視されてきたことに象徴される。しかし、社会教育機関であるはずの博物館が、そのような要因にのみよって展示出来ないとしたならば、教育機関としての存亡を問われるべきであろう。かつての「公害」問題が、生活課題としての「環境」問題に変化する中で博物館の大きなテーマとなり得たように、近郊都市において「現代」は、「都市化」という生活課題の中で大きなテーマとなり得るはずである。

一九九〇年代以降、ようやく各地博物館で戦後の展示が試みられるようになった。しかし残念ながら、その多くは昭和三〇年代の展示で、戦後通史という形にはなっていない。また展示手法も、ジオラマという形で精緻に情景を再現したものが多く、昭和三〇年代という一時点のみを示すことから来るノスタルジーが、前面に押出されるというイメージは拭い去れない。戦後の激しい都市化や激変した地域の生活を、どのような側面から語って行くべきかという点は今後の課題として残される。

現代を展示表現しようとしたとき、テーマに基づいて展示を構成する場合と、時系列に沿って展示を叙述する場合とが考えられる。しかし実際の展示では、この両者を複合することが多く、たとえば「都市化」という現代的課題をテーマとした場合、展示はまさに地域変化をいかに表現するかということになろう。戦後の地域変化を「もの」で語ろうとした時、都市景観や消費生活などのテーマは、最もアプローチしやすい課題と考えられる。戦後の激しい都市化の中で、地域の景観は大きく変わり、生活のスタイルも大きく変わって来た。

公立博物館が、地域の「都市化」を展示として真正面から取組もうとした時、都市計画や公共施設の建設、政治・行政上の事項など、行政資料が全面に押し出されることが予想される。しかし、少しアプローチの方法を変え、都市景観の変化などから考えれば、特定地域の景観変化を縮尺模型化して展示したり、景観写真・空中写真を収集して展示することはもちろんであるが、景観要素の一部を構成している商店の看板や家屋の屋根材などの時代的変遷を追うことからも、その変化をたどることは可能であろう。また、生活の変化から見るのであれば、台所や居間で使用された生活用品（写真6）などを収集することにより、生活の時代的変化を展示でたどることは容易であるし、電化が進む中での家事労働の変化、電気・ガスなどのエネルギー消費の増大や、消費生活の変化などを提示することも可能であろう。これらはいずれも、現代の生活課題につながるものであるし、こうした問題を提示するためには、現代資料の収集が重要な位置を占めてくる。

写真６　戦後生活用品の展示（相模原市立博物館）

指定文化財を収蔵し展示することは、博物館の重要な役割の一つである。しかし博物館は、指定文化財に限らず、より広い意味での有形・無形の文化遺産の収集や展示を行っている。博物館の基本となる資料の多くは、過去の遺物・遺産ということになるが、だからと言って博物館は、単に過去を懐かしみ、先人の遺産に感心するだけの場ではない。生活に身近な存在となってきた博物館は今、現代を知り将来を考えて行くための手掛りを提示する場として、また地域の歴史や文化・環境を考える生涯学習の場として、その存在意義は重要になってきているのである。

（3）現代資料の可能性

博物館が対象とする資料は多岐にわたり、博物館法第二条では「歴史、芸術、民俗、産業、自然科学等に関する資料」を掲げている。しかし文化財の指定制度同様、一つの博物館において、何もかもを収集するわけには行かないのが現実で、現場の学芸員は、限られた収蔵スペースの中で今何を収集し、何を後世に残すべきかという選択を常に迫られている。このような現実を踏まえると、博物館は必然的に、古い時代の資料を重視せざるを得ない現実があることは否めない。

地域博物館が収集対象としている実際の人文系資料は、考古・歴史・民俗資料が中心となっている。博物館法には、歴史資料や民俗資料の具体的対象について示されていないが、多くの公立博物館では、歴史資料については、古文書や古美術品を主体に収集している場合が多く、近世以前に力が注がれているというのが実情である。民俗資料についても、慣例的に動力・電化以前のもの、つまり近代化以前の伝統的民具類に重点を置いた収集が長年にわたって行われてきた。民俗資料の対象が「民具」ということに限定された場合、木製の手桶は民具として収集されるが、ブリキ製のバケツになると民具と言い難く、ましてやポリバケツなどは論外ということになってしまう。民俗資料に対するこのような認識が、博物館（学芸員）に、現在もなお根強く残っていることは否定できない。しかし一方で、近年、都市部や大都市近郊の博物館では、従来の民具の範疇ではとらえ切れない、新しい機械・器具類を何らかの形で収集せざるを得ない状況に迫られている。こうした現実に戸惑う中で、多くの博物館では実務上、民俗担当者がこれら資料の受入れを行い、従来の民俗資料と同様の方法によって収集や整理を行っているのが実状である。

現実的問題としては、博物館に電動農機具や家電製品の寄贈申込みがあった場合、どの分野で担当するのか、またそれをどのように扱うのかということである。東京近郊や大都市の多くの博物館では、このような場合、実務上は民俗分野の学芸員が担当するケースが多い。しかしながら博物館によっては、と言うよりも担当者によっては、受入れないという事態も生じて来る。限られた収蔵スペースでの資料収集を考えた時、必然的に収集資料のランク付けや選択を行なわざるを得なくなる。そうなるとどうしても、希少価値のある古い資料の収集に力が入り、機械化・電化以前の資料や、工場生産・量産化以前の資料しか収集しないということが現実には起きてくる。

仮に収集したとしても、その分類は館や担当者によって、実はまちまちなのである。白黒テレビを一例にあげるならば、民俗資料分類の中の位置付けとしては、番組（ソフト）に視点を当てれば娯楽・遊戯具や民俗知識の資料となるが、形（ハード）に視点を当てれば住生活の資料ともなる。また、場合によっては、通信具とされることもある。家電製品を民俗資料に分類していない館では、歴史資料として取扱っているところもあるし、理工学分野を有する博物館では、電気機器の一つとして扱っているところもある。このように、少なくとも戦後の生活文化に関わる現代資料の取扱いについては、博物館における資料の分類体系が、各学問分野に依存している現状では、確立されたものがないというのが現実である。しかしそれでも、現代資料は博物館が収集して行かなくてはならない、将来の文化財なのである。

博物館の量的充実とともに、各館には専門的職員としての学芸員も配置されるようになり、質的にも充実してきた。しかし、限られた定数の中での学芸員配置を考えた時、優先順位からして、発掘資料を担当する考古分野、古文書類を担当する歴史分野、民具類を担当する民俗分野の三分野を配置するのが精一杯で、現代資料を担当するような分野の学芸員配置までは、なかなか及ばないのが現実である。現在、多くの地域博物館では、資料はこうした職員配置にならって考古資料・歴史資料・民俗資料に分類されている。先にも述べたが、博物館を取巻くこのような状況の中で、現代資料を扱おうとした場合、民俗分野もしくは歴史分野の学芸員が、片手間で担当せざるを得ないのが現実で、博物館に対する住民要求にも十分に応え切れていない部分も少なくない。

現在の大都市近郊の住民の大多数が、戦後の流入人口であるという現実を考えた時、地域博物館をつくるにあたっては、地域の古い歴史のみにとらわれるのではなく、現代に向けた地域への視点はより重要視される必要がある。博物館の中で現代資料に対し、現代史学からでも都市民俗学からでもない、全く新しい考えに立ったアプローチが必要であると考える。抽象的な表現ではあるが、どこの博物館にも昔の資料、もしくは大昔の資料は必ず収集されている。しかし、ちょっと昔の資料、もしくは少し昔の資料となると、なかなか目に出来ないのが現状である。

古い資料を収集することは、博物館の使命であり、また、限られた収蔵スペースにおいては、必然的により古いものを収集せざるを得ない状況にあるのは事実である。しかし、現代的課題に立った博物館活動を考えて行くならば、たとえ新しい時代の工業製品であろうと、量産品であろうと、博物館は従来とは異なった視点に立って資料収集を進めて行くことが必要になってくるであろうし、博物館資料に対する価値観の転換、ひいては文化財に対する考え方を見直す必要もあろう。大量消費の時代を迎えて半世紀以上を経た今日、従来の文化財という範疇からは全く度外視されてきた、工業製品類・大量生産品も、戦後の地域文化や自らの消費生活を考えて行く上で、必要欠くべからざる資料として、広義の文化財としてとらえて行く必要があろう。それは「もの」ばかりではなく、遺跡や工場、建物などについても同様のことが言える。

一般に市町村の博物館では、調査・研究や資料収集の対象をその市町村をベースとした地域とし、展示も地域史なり地域誌に視点を置いて展開し、さまざまな意味で地域が意識されている。また、こうした博物館では、利用者も大半が地域住民となっていて、住民に求められる展示なり学習要求は、自ずと地域の生活に密着した課題となろうことは容易に想像される。このような中で、調査・研究はもとより、展示・教育活動に至る博物館の諸活動を考えた時、現代に視点を置いた発想やセンスは重要になりつつある。地域博物館が、現代を課題とした博物館として展開するのであれば、繰り返しになるが、従前の考古学・歴史学あるいは民俗学の発想とは異なった角度からのアプローチが必要となろう。

博物館と住民の接する部分が最も大きい展示について言うならば、時系列（時間的要素）とは異なる風景や景観など空間的要素からテーマを抽出した時、博物館は、普段住民が見慣れているまちの姿の中に、その土地の歴史性なり人々のくらしの姿を見せて行くことを可能にするかもしれない。もしも、このような展示が契機となって、住民がその地域を自らの足で歩き、自らの目で確かめ、地域に対する関心を深めて行ったとしたならば、博物館は建物を離れ、街中の風景や景観の中に展開して行くことも可能となるのではないだろうか。

（4）市民に開かれた博物館

多くの公立博物館の基本構想や活動理念において、「市民に開かれた博物館を目指す」とか、「市民に開かれた博物館活動を展開する」といった文言を目にする。言葉では簡単に「市民に開かれた」と表現は出来るが、では一体、具体的に博物館の何をどのように「市民に開く」のかということを考えると、「市民に開かれた」という言葉はとても重い。

博物館の計画や運営に市民の声を取り入れることも「市民に開かれた」と言えるかもしれないし、学芸員が各所へ出向いて活動することも「市民に開かれた」と言えるかもしれない。また、市民と共同して資料収集や調査活動を行うことも「市民に開かれた」と言えるであろう。つまり「開く」にも、いろいろなとらえ方があるということである。しかし、現実に目にする多くの博物館は、外部研究者に建設や運営の計画が委ねられたり、事務室や学芸員室の扉の前に「関係者以外立入禁止」の表示があったりする。一体これらの博物館は、どのように「市民に開かれている」のだろうかと、しばしば考えさせられることがある。

「市民に開く」という言葉を物理的に具現化した一例として、相模原市立博物館に設けられた「市民研究室」（写真7）がある。当館は、長年にわたる博物館建設の市民運動をベースに、およそ十四年の準備期間を費やして一九九五（平成七）年に開館した地域博物館である。基本構想には

写真７　市民研究室（相模原市立博物館）

「市民の研究センター」としての性格や、「市民に開かれた博物館活動」を展開する機能などがうたわれている。

しかし、研究室を市民に公開するに至っては、学芸内部でも長い論議を必要とした。研究空間に市民が入ることによって、落ち着いた研究が出来ないのではないか、常時あるであろう、市民からの質問や相談に対応する体制はどうするのかなど、不安材料は多数あった。それでも、学芸員がいるのかいないのかわからない博物館が多い、専門書がたくさんあるのに閲覧させてもらえない博物館ばかりだなどといった、市民の声を耳にするたびに、こうした問題が解決出来ない限り、「市民に開かれた博物館」にはなり得ないであろうことは、徐々に学芸員の間で共通認識されるようになっていった。

その結果出来たのが、専門書とともに学芸員も市民に公開してしまおうという考えのもとに設置された「市民研究室」であった。同室は、自然・歴史部門と天文部門の二室に分かれているが、ともに機能は同じで、現在、二万冊以上の専門書の閲覧と、各分野の学芸員への質問・相談及び、資料の閲覧などを可能としている。同室の年間利用者は数千人のレベルで、年間十万人を超える入館者からすると数％の利用ではあるが、小学生の調べ学習から、大学生の卒業論文や市民の地域調査についての相談、さらには専門研究者の資料調査への対応と、その内容は多岐にわたっている。

実際のようすを見ると、研究室を訪れる利用者は、専門書の閲覧目的が比較的多く、実際に学芸員への相談目的で訪れる利用者は、年間数百人のオーダーで、当初、学芸サイドで心配していたひっきりなしの市民対応というケースは、予想したよりも多くはないというのが現実であった。しかし、いつ博物館を訪れても学芸員がいて、しかも相談に応じてくれるというシステムは、市民に好評を博している。市民と学芸員とのコミュニケーションの場として、また、博物館が持っている情報と、市民が持っている情報とのギブ・アンド・テイクの場として、「市民研究室」は有効的に機能している。

もちろん学芸員は、博物館に市民が訪れるのを待っているばかりではない。地域博物館では、資料収集や地域調査にも市民の協力は不可欠である。相模原市では博物館準備段階において、概ね中学校区エリアに一人の割合で資料調査協力員（以下、協力員）を委嘱し、資料の所在調査に努めた。というのも、準備段階で地元出身の学芸員がいなかったために、地域の事情や歴史に明るいお年寄りに、資料の所在や地域の情報を寄せてもらい、地域（市民）と博物館（学芸員）との橋渡しをお願いせざるを得ないという実情があった。地域において、地元の古老の協力を得て、資料収集や調査に入るという方法は有効的なものであったし、同時に、地域の人々と自然なつながりを持つためにも大切なことであった。

当初、資料収集や調査に際して、地元古老の紹介を受ける方法をとった結果、非常にスムーズに地域に入ることを可能としたが、このことにより、地域の人々のつながりの大切さというものを知ることができた。資料の収集や調査を始めると、何度も重ねて訪れる家も少なくない。協力員の紹介で、八〇歳を越えるお年寄りの家を初めて訪ねた時、数点の資料を寄贈してもらうことができた。その数週間後、今度は本人から電話があり、別の資料が見つかったから、見に来てほしいということであった。一回目に話した内容を覚えてくれていて、心当たりを捜してくれたらしい。その「もの」にまつわる話も思い起こしてくれた。その後、このような連絡が何度か続き、このお年寄りは訪ねるたびに、新たな資料を捜し出し、昔話もより詳しくしてくれた。いつの間にかそのお年寄りは、我々が定期的に訪ねることを楽しみにしてくれていたのである。

家族にはなかなか聞いてもらえない昔話を、我々学芸員にすることによって、生きがいが見出せるようになったという。訪ねるたびに、このお年寄りの記憶はより鮮明に蘇り、昔話に花が咲いた。さらにこのお年寄りから、改めて歴史の勉強をしてみる気になったとの言葉も出てきて、歴史の勉強を通じて、生活に張りがでるようになったと逆に感謝されるに至ったのである。

このお年寄りの行動を改めて考えてみると、学芸員が資料収集と聞取り調査を行うことによって、昔のことが徐々に鮮明に思い起こされるようになり、過去の記憶が蘇るとともに、聞かれたことについて、自ら勉強するようになり、生活に張りがでるようになっていったのである。これこそが、自己学習の原点なのかもしれないと考えさせられるケースであった。

また、学芸員は、市民の学習支援のために、地域の公民館や学習グループに出向いて講座を担当するケースも多い。筆者が最も長くかかわってきた学習グループに、「相模大野いまむかし」というグループがある。結成して十年以上の活動実績を持つ、地元の公民館を拠点とする息の長い市民学習グループで、自分たちの住む相模大野という街を知り、まちづくりを考えようという活動を展開してきた。単なる教養のため、知識のための学習であれば、外部から大学教授などを呼んで講座を開くことも可能であったと思われるが、極めて地域的な課題について学習したいということで、彼等は博物館を訪れたのであった。

新興住宅地という土地柄、メンバーの多くは市外からの転入者で、相模原に越してきて数年という人も少なくない。メンバーの一人に話を聞くと、引っ越してきたばかりのころは、くらしに慣れるのに精一杯で、地域の歴史どころではなかったが、少し生活が落ち着いてくると、自分の住んでいる相模大野はどのような生い立ちの街なのだろうか、ということに関心を持つようになり、この会に加わったという。

当初は、相模大野という地域の昭和史を中心に学習していたが、そのうちに歴史性をまちづくりに生かせないだろうかと考えるようになり、その後は、市の職員に講師を務めてもらうなどして、地域の行政的課題の把握などに乗り出した。ちょうどそのころ、市では市民参画を得たまちづくり計画に着手していたため、メンバーの一部は、「地域まちづくり計画」の一員として参画し、意見を述べるようになっていった。また、自分たちの研究成果を地元の住民に広く知ってもらおうと、毎年、公民館で開催される「公民館まつり」の場で発表を行ってきた。

こうした事例から考えると、地域の住民が、地域の歴史や課題について、具体的地域資料を通じて学習をしようとした時、地域博物館の存在は、とても大きなものとなるのではないだろうか。このような実践の中から、地域（市民）と博物館（学芸員）との連携が形作られてゆくものと考える。

以上、わずかな事例しか述べることができなかったが、博物館（学芸員）と市民との連携には、さまざまなスタイルのものがあってよいと思う。「博物館と市民との連携」と言うと、どうしても博物館ボランティアのような華やかな活動部分が注目されがちであるが、このような、一つ一つの資料収集や調査活動などの地道な日常の学芸活動の中にこそ、実は市民との連携で最も大切な部分があって、それが無意識のうちに行われていることが少なくないということを、改めて考えさせられた。

つまり、学芸員がいてこその「博物館と市民との連携」なのであり、市民と学芸員との信頼関係が連携に結び付くのである。地域に博物館が整備され、子どものころから博物館を自然に利用する習慣が身に付いた時、はじめて博物館は、市民の生活の一部として欠くことの出来ない施設となり得るのであろう。

四　二一世紀の博物館の課題と展望

(1) 博物館と指定管理者制度

二〇〇三(平成十五)年六月に公布された改正地方自治法により、都道府県や市町村が管理・運営する公共施設の管理を、法人その他の団体に行わせることができる「指定管理者制度」が導入された。単なる市民利用施設のみならず、人の命を預かる医療機関や、教育機関である図書館や博物館までもがその対象となり、この数年、さまざまな論議を呼び起こしている。長い不況が続き税収が落ち込む中で、国や地方自治体は、経費節減や人員削減などさまざまな手段を講じながら、公の施設の維持・管理に四苦八苦している。そうした中で、民間活力の導入を合い言葉に、公的施設の民間委譲や民間管理化が進んでいるのである。

二〇〇八年十二月四日付の地方紙(神奈川新聞)の一面に「指定管理者応募ゼロ」という大きな見出しが出た。実は、横浜市救急医療センターの指定管理者公募の記事であったが、指定管理者制度が導入されている博物館も他人ごとではない。また、その前月の中央紙一面には、「都立中央図書館　新規スタッフ50名募集」の宣伝広告が掲載されていた。いずれも、現在の指定管理者制度を象徴するものである。

今日の指定管理者制度に繋がる、博物館を含む社会教育施設管理の民間管理化の検討は、一九九八年の生涯学習審議会「社会の変化に対応した今後の社会教育行政の在り方について」（中間まとめ）にまでさかのぼる。翌九九年七月には、通称ＰＦＩ（Private Finance Initiative）法と呼ばれる、「民間資金等の活用による公共施設等の整備等の促進に関する法律」が公布され、その後、二〇〇二年十月の地方分権改革推進会議「事務・事業の在り方に関する意見―自主・自立の地域社会をめざして―」の中で、公の施設の管理受託者の範囲を「民間事業者まで拡大する」とされた。

そして、二〇〇三年六月公布の改正地方自治法の中で、第二四四条が改訂され「法人その他の団体」に公の施設の管理を行わせることができるとした指定管理者制度が導入された。さらに、同年十一月開催の第二四回経済財政諮問会議の中で、社会教育施設についても「今後は館長業務も含めた全面的な民間委託が可能である」ことが明示された。これを受けて文部科学省社会教育課は、同年十二月の中央教育審議会生涯学習分科会の会議資料「公民館、図書館、博物館の民間への管理委託について」の中で、公民館・図書館・博物館も指定管理者制度の対象とするとし、本来は教育委員会の任命が必要な必置職員についても全面的な民間の管理委託が可能であることを周知していくとした。この時期、小泉内閣では、構造改革を次々と推進し、〇三年四月に「構造改革特別区域法」、同年七月に「地方独立行政法人法」を制定するなどしている。

その後、文部科学省は、二〇〇五年一月の所管部課長会議の会議資料「社会教育施設における指定管理者制度の適用について」の中で、「公民館、図書館及び博物館の社会教育施設については、指定管理者制度を適用し、株式会社など民間事業者にも館長業務を含め全面的に管理を行わせることができること」を明らかにした。この資料で、館長・学芸員は必置としているものの、本来、教育委員会の任命を受けなければならない館長は、指定管理者の場合「公務員ではないことから「教育委員会の任命は不要である」とされた。

指定管理者制度は、このように小泉内閣の時代、ことに行財政改革・規制緩和・地方分権、さらには「官」から「民」への流れの中で強く推進されてきた。法令では、猶予期間を三年間とし、二〇〇八年九月一日までに、管理委託制度による公の施設は、指定管理者制度に移行するか、直営に戻すかを条例制定しなければならないとされた。従来の管理委託制度と、この指定管理者制度との大きな違いは、民間参入を可能としたことであるが、管理形態や管理権限も異なる。管理委託制度は委託契約関係で、受託者は限定され、自治体が五〇％以上出資する法人（第三セクター）や公共団体（土地改良区）、公共的団体（農協・生協・自治会等）であり、管理権限は設置者たる自治体にあった。しかし指定管理者制度では、〇三年十二月の中央教育審議会生涯学習分科会の会議資料「社会教育施設における指定管理者制度について」などによれば、行政処分による管理代行となり、指定を受ける者の制限も無くなったため、株式会社等の民間営利事業者の参入を可能とし、管理権限も指定管理者が有することとなったのである。

そこで、初期の博物館の指定管理者制度導入状況についてみることとしたい。逸速く業務の一部に指定管理者制度を導入し、民間への適用第一号として話題となったのは島根県立美術館で、二〇〇五年四月十七日付の『朝日新聞』では、「公立美術館『指定管理者制度』導入　改革促す民間委託」「公の美術館　民が参入　コスト削減へ管理委託」という見出しで紹介している。受託したのは、サントリーホール・サントリー美術館などの運営に携わるサントリーパブリシティサービスで、施設の利用許可、観覧料の徴収、建物の維持管理、広報などの管理業務を三年間管理代行することとなった。

その後、学芸部門を含めた本格的な指定管理者制度の下で運営が開始された最初の博物館が、二〇〇五年十月に開館した長崎歴史文化博物館である。指定されたのは、展示業務などで知られる乃村工藝社で、管理代行期間は五年間である。同時期、長崎県美術館や金沢21世紀美術館などでも、指定管理者制度を導入しているが、従前の第三セクターの財団法人が指定されている。五年経った一〇年に、長崎歴史文化博物館では、指定管理者の再入札が行われたが、引き続き乃村工藝社が管理代行を継続している。

二〇〇六年五月に、日本博物館協会では博物館の「指定管理者制度導入状況調査」を実施している。その調査結果によると、指定管理者制度の導入前、自治体直営であると回答した館が二五六館、財団委託であるとした館は九七館で、全体の七割強が直営であったことがわかる。さらに、この時点での指定管理者制度導入館は回答四七九館中一一二館で、全体の二割強であった。これに、導入予定館二六館を加えると全体の三割弱となり、割合としては、以前の財団委託していた館の割合とほぼ同じである。しかし半数近い二二〇館は、一年四ヶ月後に直営か指定管理かの選択を迫られている時期にもかかわらず、この時点で「まだわからない」と回答している。

指定管理者制度導入館の実情を見ると、民間（民間事業者・NPO）参入は極めて少なく、この時点ではわずかに六館であるのに対し、従前の自治体出資法人や公共団体が九七館とその大半を占めている。実は、話題となった島根や長崎などのケースは稀なのである。また、この調査結果からは、指定管理者制度の課題も見える。制度の導入によって、予算が増加した館が二五館あるが、減少した館は五六館に及び、無回答館を除くと七割近くの館が、さらなる経費の節減を迫られている。さらには、職員が増えたとする十一館に対し、削減されたとする館はその三倍の三四館に達し、八割弱の館が職員削減に直面している。大半の博物館は、管理者が従来と同じ財団法人であるものの、制度の導入によって、実際は予算と職員の削減というダブルパンチにあっている状況がうかがえる。

二〇〇七年二月には、文化庁でも「公立美術館・歴史博物館の組織運営状況に関する調査」を実施していて、対象は登録及び相当博物館のみではあるが、五五〇館から回答を得、そのうち指定管理者制度を導入した館は九三館と全体の二割弱であった。このうち、指定管理者となっているのは、従前の財団法人が八五館と九割を占め、株式会社・有限会社はわずか七館に止まっている。指

写真８　長崎歴史文化博物館

定管理者の業務範囲は、学芸業務のみとする館は無いが、管理業務のみとする館が十三館、最も多い学芸・管理両業務とする館は七八館と八割以上に達している。制度導入の最も多い館種は美術館で、五〇館と全体の半数以上を占め、これに歴史博物館が三三館、総合博物館が十館と続いている。

(2) 博物館における指定管理者制度の課題

ここでは、指定管理者制度を導入している具体的博物館として、長崎歴史文化博物館（写真8）を例に、条例面から博物館における指定管理者の業務を見ることとしたい。長崎県「長崎歴史文化博物館条例」は、二〇〇四（平成十六）年十月に公布され、同館は長崎県と長崎市が共同して設置する（第一条）としている。

公立館ではあるが、県・市の共同という変則的な設置形態を取っている。同年九月に先立って公布された長崎市「長崎歴史文化博物館条例」では、「地方自治法第二五二条の十四第一項の規定により、当館の事務を長崎県に委託する」としている。

さて、注目すべき「博物館の管理」（第三条）については、「地方自治法第二四四条の二第三項の規定により、『指定管理者』に行わせるものとする」としている。また、「指定管理者の業務」（第四条）については、

①博物館の利用の許可に関する業務
②博物館の利用に係る利用料金に関する業務
③博物館施設、その附属設備等の維持及び修繕に関する業務
④博物館の事業に関する業務

となっている。「博物館の事業」（第二条）の具体的内容は、

①資料の収集、保管、修理、展示及び利用に関する事業
②資料に係る情報の提供に関する事業
③資料に係る調査及び研究に関する事業
④生涯学習に対応した講演会、講座等に関する事業
⑤広報、出版等の普及活動に関する事業
⑥学校との連携に関する事業

⑦他の博物館、美術館との連携を図る事業
と明示されていて、多くの博物館条例と同様に博物館機能全般にわたって記されている。

次に、指定管理者制度の課題・問題点について、社会教育関係法令等を参照する中から、明らかにしてみたい。先に記した、二〇〇五年一月二五日開催の文部科学省所管部課長会議文書「社会教育施設における指定管理者制度の適用について」の中には、いくつかの法的矛盾が見られ、すでに社会教育推進全国協議会（社全協）から文部科学省に提出された同年五月二八日付、「指定管理者制度に関する文部科学省二〇〇五年一月二五日文書に対する社全協の見解」の中で指摘がなされている（社全協『住民の学習と資料』36、二〇〇五）。

第一に、法的解釈に関わる事項を、経済財政諮問会議や文部科学省所管部課長会議の単なる会議資料という形で提示されているが問題はないのか。第二に、「株式会社など民間事業者にも館長業務を含め全面的に管理を行わせることができる」としているが、社会教育法第二三条では「営利事業の禁止」をうたっており、これとの矛盾はないのか。第三に、「館長業務も含めた全面的な民間委託が可能である」としているが、社会教育法第二八条では「公民館の館長は教育委員会が任命する」こととされ、さらに地方教育行政の組織及び運営に関する法律第三四条では、必置職員である「図書館の館長、博物館の館長及び学芸員は教育委員会が任命する」とされており、これらの職員任命権との矛盾はないのか。その上、社会教育法・博物館法等の個別法は、地方自治法等の一般法に優先されるという原則（二〇〇三年五月　第一五六回国会総務委員会　片山国務大臣答弁、及び

二〇〇三年七月　総務省自治行政局長通知）等に矛盾しないのかなどである。さらには、同制度では利用料金の徴収を可能としているが、例えば図書館法第十七条で規定している「いかなる対価をも徴収してはならない」という条文との整合性はどうするのかなど、あげればきりがない。

さらに、指定管理者制度そのものにある指定期間にも課題は残る。最短一年から最長五年とされていることから、博物館では、雇用される学芸員もこの期間毎に、異動もしくは転職を余儀なくされる運命にあり、労働者としての学芸員の身分保証は極めて不安定なものとなる。さらに、継続的調査・研究に基づく展示計画など、長期的展望を持った学芸活動は望めないという現実問題が生ずることから、調査・研究を伴わないイベント的展示の増加などが懸念される。

また、収益の増収を前提とした民間事業者の中にあっては、博物館経営のミュージアムショップ、ミュージアムレストランへのシフト化が懸念されるとともに、収益性・集客力の高いイベント開催の増加が見込まれ、本来の学芸業務である資料収集・整理・研究等に充てる時間が削減されることが心配される。その一方で、人件費の節減による学芸員の給与水準の低下は明らかで、開館時間の延長やサービス残業の強化に伴う労働時間の増大も大きな課題として残る。

ことに、地域住民との信頼関係や事業の継続性が求められる地域博物館では、勤務する学芸員が非継続的になることによって、利用者である市民との人間関係が希薄化することが想定され、市民と連携した活動や、博物館活動の継続性が難しくなるという心配も生ずる。つまり、博物館のコミュニケーション重視の方向性に反するものとなっているのである。さらに、学芸員は事務職とは異なり、研究内容や学芸技術は短期間に引継ぎが出来ないことから、博物館全体としての研究水準の低下は免れず、長期間をかけて先輩から後輩へと受け継がれるべき学芸技術の継承も困難になる可能性が高い。

さらには、すでに指定管理者制度が導入されている博物館の実情を見ると、指定管理者の学芸員は、公共財産としての資料の収集（資料購入を含む）や資料管理（収蔵庫の出入庫）が直接出来ない、あるいは長期にわたる常設展示計画には携わることが出来ないなどのジレンマも生じている。

また、博物館の指定管理が進む中で、公立博物館の入館料のあり方も考えなければならない課題である。我が国の地域博物館の現状を見ると、いまだに有料入館であることが、利用者にとって大きなバリアとなっているように思われる。地域博物館の根幹を考える時、展示観覧が無料か有料かという問題は重要なものと考える。

博物館法第二三条に「公立博物館は、入館料その他博物館資料の利用に対する対価を徴収してはならない」という条文があるにもかかわらず、多くの公立博物館では、受益者負担という名のもとに、行政当局や議会の中でも、有料入館は当然のことのように論議が取り交わされている。もちろん、博物館法を知らない行政担当者も少なくはないのであるが。しかし図書館法と違い、博物館法には抜け道があって、この第二三条は「但し、博物館の維持運営のためやむを得ない事情がある場合は、必要な対価を徴収することができる」と続いており、ここを根拠として有料としている館が実は多い。

私たちはかつて、このような論議に対応すべく、各地博物館の入館料徴収根拠の調査に当たってみたことがある。公立博物館の入館料は一〇〇～三〇〇円が相場であったが、その金額設定に積極的根拠は見出せず、利用者にあまり負担と思われない程度の金額とし、隣接館を参考にしたというものが多かった。有料の理由についても、これが「博物館の維持運営のためやむを得ない事情」と言えるのかはなはだ疑問ではあるが、有料の方が展示を良く見てもらえ、施設を大事にしてもらえる、あるいは展示している側も緊張感が持てる、という極めて曖昧な回答が多く、何館かではホームレス対策のためというケースもあった。

今日、地域博物館の多くは、入館者の減少に悩まされている。二〇〇三年度の外部監査で、「民間なら倒産状況」と評された川崎市市民ミュージアムの例は、その象徴と言えよう。入館者減は有料館により多く、しかも長期にわたって展示更新をしていないというのが共通の課題となっている。川崎市のその後の「改善委員会」報告の中で、集客力向上のために入館を無料化にすべきとの意見が出されたのは、当然のことと言え、評価に値するものであった。

これは計算してみれば明らかなことであるが、もぎりや経理担当者の人件費、券売機の設備費やメンテナンス費を考えると、一〇〇円や三〇〇円の入館料を徴収して、数百万円の収入を得るよりも、入館無料とした方が赤字額は軽減されることが少なくないのである。むしろ無料化して、一人でも多くの市民に利用してもらうことこそが、公立博物館の使命と言えよう。もしも、受益者負担を原則として、観覧料を採算ベースに合わせようとしたならば、年間十万人の入館者がある博物館

写真９　相模原市立博物館

でさえ、年間運営経費（人件費を除く）を三億円としても三〇〇〇円という驚異的な金額が算出されるのである。前提として法的不備があるとは言え、博物館は図書館・公民館と同じ社会教育機関なのであり、何よりも市民の学習権を保障する上で、利用は無料であるべきというのが正論であろう。

私がかつて勤務していた相模原市立博物館（写真９）は、常設展・企画展の観覧は無料で運営されているが、特別展と併設のプラネタリウムのみは開館当初から有料に設定されている。開館して十五年以上経つが、入館無料のお陰もあり、開館以来、入館者数に減少の傾向は見られず、毎年コンスタントに十万人を超える入館者を確保している。しかし、特別展に設定された観覧料三〇〇円というハードルは、市民にとってかなり高く、有料展の観覧は入館者の二〜三割に過ぎないのが実情である。

もしも、常設展示も有料であったならば、博物館の年間入館者は半減どころか、大きく減っていたに違いない。行政当局は、わずか三〇〇円と考えるかもしれないが、有料であるということは、利用者の市民には意外と大きな壁（バリア）となっている。観光地型の博物館は別として、日常的に市民が利用する地域博物館が有料であるということは、利用者にとって、心的バリアとなっていることは事実である。有料だから熱心に、丁寧に見てくれるだろうなどといった非科学的根拠は排除し、行政の中で博物館が厳しい状況に置かれている今日であるからこそ、博物館の社会的使命を考え、改めて公立の地域博物館は入館無料であるべきという原点に立ち戻るべきなのではないだろうか。

（3）これからの地域博物館のあり方

博物館の定義付けについては、すでに述べたように、国内的には博物館法第二条、国際的にはイコム規約第二条によってなされているが、研究・教育機関であり、非営利的恒久施設というのが世界的原則である。博物館法では、第十九条で「公立博物館は、当該博物館を設置する地方公共団体の教育委員会の所管に属する」とし、第二三条では、但し書きはあるものの「公立博物館は、入館料その他博物館資料の利用に対する対価を徴収してはならない」としている。これらの条文や原則と照らし合わせた時、果たして博物館への指定管理者制度の導入は正しかったのであろうか。

博物館には、「資料収集・整理保管・調査研究・教育普及」の四つの機能があり、すべての機能が連動してこそ社会的役割を果たしているのである。博物館が博物館であるためには、集客だけをクローズアップした展示や教育普及の活動のみでは片手落ちと言わざるを得ない。二〇〇七（平成十九）年六月、文部科学省の協力者会議がまとめた『新しい時代の博物館制度の在り方について』には、これからの博物館（学芸員）に求められるものとして、マネジメント・コレクション・コミュニケーションの三つが柱に掲げられている。最後に、ここではその柱のうち、先に述べたマネジメントを除く、コレクションとコミュニケーションの面から博物館を眺めてみることとしたい。

町医者が長年その町に住み、一人一人の患者の病歴や生活環境を熟知した上で診察するのと同様、本来、地域博物館の学芸員の活動は、市民との信頼関係の上に構築されるべきものと考える。地域における博物館もしくは学芸員は、深い地域研究と高い専門性を備えてはじめて市民への研究相談業務を可能とする。また、地域での寄贈や借用交渉など資料収集業務も、学芸員と資料所蔵者との信頼関係があってこそ成り立つものである。聞き取り等フィールド調査や資料調査業務についても、学芸員と話者や所蔵者との信頼関係があって、はじめて良い成果あげることが出来るのである。さらに、近年盛んなボランティア活動についても、博物館職員・学芸員と市民との良好な人間関係があってこそ、質の高いものとなるのである。つまり、学芸活動はすべて、コミュニケーションの上に成り立っているのである。これらのことが、三年や五年という短い指定管理期間で実現が可能かと問われたら、困難と言わざるを得ない。

法的に検討した場合、社会教育機関への指定管理者制度の適用は果たして適当であるのか、また館長や学芸員をも含む民間管理は果たして合法なのかなど、疑念は少なくない。しかしいずれにせよ、市民にとってより良い博物館活動とは何か、という命題は不変のはずである。今だからこそ、博物館のあるべき姿を原点に立ち戻って問うべきと考える。ことに、指定管理化による公立博物館の有料化や値上げは、博物館法第二三条の公立博物館入館無料の原則に反するばかりでなく、市民利用を遠ざける懸念がある上に、市民の学習権保障にも矛盾する行為と言えよう。

次に、指定管理者制度が導入された博物館は、従来、数年かけて準備してきた特別展や企画展を短期間のうちに準備し、回転させて行かなくてはならないという宿命にある。最長の五年間の指定管理期間があったとしても、一年目は新しい環境に慣れる時間として費やされ、最後の五年目は次回の指定管理受託のための競争と審査に費やされるため、腰を落ち着けて仕事が出来るのは、事実上は間の三年間のみというのが現実である。

このため、長期的な資料収集計画も立てにくく、長期の準備期間を要する「常設展示計画」に携わることは、まず困難と言えよう。とすると、一体誰が責任を持って恒久的資料管理や常設展示の更新を行うのであろうか。指定管理者制度が導入されている長崎歴史文化博物館では、資料管理者として県の学芸員が二名常駐する形が取られているが、指定管理者の学芸員は、公共財産の取得たる資料収集、さらには、収蔵庫の出入庫さえもままならないという。ましてや、指定管理者という立場にあっては、行政に収集予算の要求を直接することも出来ないというのが現実である。つまり、博物館の基礎となるコレクションさえもが脅かされているのである。

このように検討してみると、博物館への指定管理者制度導入についての違法性の検証はもとより、博物館が直面する解決すべき課題はあまりにも多い。今後は、博物館活動の継続性・安定性・蓄積性・自立性・独立性の確保、学芸員の安定雇用、住民サービスや他機関との連携確保をいかに保障して行くかという点を、さらに突き詰めて行かねばならない。

あとがき

私が神奈川大学21世紀ＣＯＥプログラム「人類文化研究のための非文字資料の体系化」に参画したのは、プログラムが採択されて半年後の二〇〇四（平成十六）年四月からであった。本プログラム拠点リーダーで、事業推進責任者であった福田アジオ先生から、ＣＯＥ教員としての参画を促されたのがきっかけである。事業期間中は、ＣＯＥプログラムの研究員と大学院歴史民俗資料学研究科の教員（非常勤講師・博物館情報学）という、二足のわらじを履くこととなった。もともと人文地理学を専門としていたことと、たまたま神奈川大学助教授（当時）で共同研究員だった八久保厚志氏とは、法政大学大学院地理学専攻の同窓であったことが縁で、香月洋一郎先生をリーダーとする第三班「環境と景観の資料化と体系化」に所属し、「景観の時系列的研究」を課題として研究を進めた。神奈川大学日本常民文化研究所が所蔵する「渋沢フィルム」の景観分析と現地比定を主な作業とし、二度にわたる韓国での実地調査も実施した。その成果は、以下の通りである。

「写真資料と景観変容―渋沢フィルムの分析に向けて」『環境と景観の資料化と体系化に向けて　調査研究資料』一、二〇〇四

「『渋沢フィルム』の景観分析とその課題―朝鮮半島多島海を事例として」『年報　人類文化研究

のための非文字資料の体系化』二号、二〇〇四
「渋沢フィルム撮影地の景観変貌―韓国・尉山を事例として」『年報　人類文化研究のための非文字資料の体系化』三号、二〇〇六
「景観研究資料としての『渋沢フィルム』の今日的意義―韓国南部を例に」『非文字資料から人類文化を読み解く　シンポジウム報告』四、二〇〇七

さらに二〇〇五年度になってから、ＣＯＥ研究成果の統合・発信のための新たな研究班として、中村ひろ子先生をリーダーとする第五班「実験展示」が発足するにあたり、博物館学を専門とする私も参画することを促され、三足目のわらじを履くこととなった。第五班（通称、実験展示班）は、最終年度に「あるく」をテーマに実験展示を行うとともに、大学院での「高度専門職学芸員」を養成するためのプログラム開発を手掛けた。実験展示班は、中村ひろ子先生のもと、拠点リーダーの福田アジオ先生、事業推進担当者の河野通明先生・田上繁先生、ＣＯＥ教員（非常勤講師）の青木俊也氏に、共同研究員の榎美香氏・刈田均氏を加えた八名で構成された。二〇〇八年三月には、研究成果報告書として『高度専門職学芸員の養成―大学院における養成プログラムの提言』が刊行された。その研究の中で私は、大学院における「高度専門職学芸員養成プログラム」の提言と、ＣＯＥ公開研究会「学芸員の専門性をめぐって」のコーディネート等を担当させていただいた。その成果は以下の通りで、本書はその研究成果に基づくものである。

「博物館空間に広がる景観的世界」『非文字資料研究』六号、二〇〇四
「観覧料という心的バリア」『非文字資料研究』十三号、二〇〇六
「大学院における博物館学専攻プログラム」『高度専門職学芸員の養成―大学院における養成プログラムの提言　研究成果報告書』、二〇〇八

本書は、COE研究「大学院における高度専門職学芸員養成プログラムの提言」をベースとしつつ、大学・大学院での博物館学の近年の講義内容や、事業推進の時期から取り組んでいる関連課題などを合わせ、一冊の本として取りまとめた。具体的には、一章は近年の講義内容をもとに書き下ろし、二章は「大学院における博物館学専攻プログラム」を基本に修正を加えたものである。また、三章は自身の博物館現場経験をもとに、これまで取りまとめてきた諸論を再構成したものである。四章は事業推進期から取り組んでいる、指定管理者制度を取り巻く今日的課題を中心にまとめたものである。

福田アジオ先生のお勧めと叱咤激励のもと、ようやく本書を完成させることが出来たが、入稿が予定を大幅に遅れ、福田先生をはじめとする神奈川大学21世紀COEプログラム関係各位に、大変ご迷惑をおかけしてしまった。関係各位に深くお詫びを申し上げるとともに、刊行できたことを感謝申し上げたい。末筆となるが、かつての勤務先である相模原市立博物館の土井永好学芸員をはじめとする皆さんに大変お世話になった。この場を借りて篤くお礼を申し上げたい。

二〇一二年一月

浜田弘明

参考文献

伊藤寿朗・森田恒之編『博物館概論』学苑社、一九七八
伊藤寿朗「博物館と地域―地域博物館観の成立をめぐって」『平塚市博物館研究報告　自然と文化』三号、平塚市博物館、一九七九
伊藤寿朗「地域博物館論―現代博物館の課題と展望」長浜功編『現代社会教育の課題と展望』明石書店、一九八六
伊藤寿朗『ひらけ、博物館』岩波書店、一九九一
伊藤寿朗『市民の中の博物館』吉川弘文館、一九九三
神奈川大学21世紀COEプログラム「人類文化研究のための非文字資料の体系化」第五班編『高度専門職学芸員の養成―大学院における養成プログラムの提言』神奈川大学21世紀COEプログラム研究推進会議、二〇〇八
椎名仙卓『日本博物館発達史』雄山閣出版
椎名仙卓『明治博物館事始め』思文閣出版
椎名仙卓『図解　博物館史　改訂増補』雄山閣出版
椎名仙卓『日本博物館成立史』雄山閣
全日本博物館学会編『博物館学事典』雄山閣、二〇一一

竹内順一「第三世代の博物館」『冬晴春華論叢』三号、瀧崎安之助記念館、一九八五

鶴田総一郎「博物館学総論」日本博物館協会編『博物館学入門』理想社、一九五六

浜田弘明「地域博物館における利用者構造の分析―平塚市博物館の十年」『平塚市博物館研究報告 自然と文化』十号、平塚市博物館、一九八七

浜田弘明「新設博物館における利用者圏域の分析―羽村町郷土博物館の一年」『学際研究』創刊号、学際研究の会、一九九〇

浜田弘明「近郊都市の博物館づくりにおける二、三の私見」『民具マンスリー』二〇巻四号、神奈川大学日本常民文化研究所、一九八七

浜田弘明「都市部の博物館・資料館における現代資料考」『当世風と昔風』五五号、古々路の会、一九九一

浜田弘明「近郊都市の博物館における地理的課題―現代的視点に立った博物館活動に向けて―」『法政地理』二二号、法政大学地理学会、一九九四

浜田弘明「文化としての産業・技術を考える―博物館と『産業技術資料』をめぐって―」『金属』六三巻四号、アグネ、一九九四

浜田弘明「博物館における『現代』の地理的表現―展示『地域の変貌』から」『相模原市立博物館研究報告』五集、相模原市立博物館、一九九六

浜田弘明「博物館と『現代資料』」地方史研究協議会編『地方史・研究と方法の最前線』雄山閣出版、

一九九七
浜田弘明「『現代資料』をめぐるいくつかの課題」『神奈川県博物館協会　会報』七一号、神奈川県博物館協会、二〇〇〇
浜田弘明「『都市化の中のくらし』を展示する―生活資料の生活空間論的展開」『相模原市立博物館研究報告』九集、相模原市立博物館、二〇〇〇
浜田弘明「現代資料の収集とその活用」『平成11年度文化財セミナー報告書』東京都多摩社会教育会館、二〇〇〇
浜田弘明「現代展示と現代生活資料の課題と展望」『博物館問題研究』二七号、博物館問題研究会、二〇〇〇
浜田弘明「都市景観を展示するということ―景観模型による現代展示へのアプローチ」『相模原市立博物館　研究報告』十集、相模原市立博物館、二〇〇一
浜田弘明「地域における博物館と市民のかかわり―地域博物館の学芸員の役割」『全科協ニュース』三二巻四号、全国科学博物館連絡協議会、二〇〇二
浜田弘明「市民と地域の博物館―相模原市の博物館建設を通して」『博物館問題研究』二九号、博物館問題研究会、二〇〇三
浜田弘明「指定管理者制度導入に伴う学芸活動の諸問題」『地方史研究』三二四号、地方史研究協議会、二〇〇六

浜田弘明「指定管理者制度と公立博物館の民間管理」地方史研究協議会編『歴史資料の保存と地方史研究』岩田書院、二〇〇九
浜田弘明「戦後、博物館法が地域博物館に果たしてきた役割と課題」『日本歴史学協会年報』二七号、日本歴史学協会、二〇一二

著者紹介

浜田弘明（はまだ ひろあき）

1957年神奈川県生まれ。
法政大学大学院人文科学研究科地理学専攻修士課程修了。

専門：博物館学、文化地理学

1982年相模原市博物館準備担当学芸員、その後、相模原市立博物館学芸員、相模原市市史編さん室学芸員を経て、2002年桜美林大学教職センター助教授（博物館学芸員課程主任）、2007年より桜美林大学リベラルアーツ学群教授（博物館学専攻主任及び博物館学芸員課程主任）。また、2004年より神奈川大学大学院歴史民俗資料学研究科COE教員（非常勤講師）を兼任。

主要共著書：『地方史・研究と方法の最前線』（雄山閣、1997）、『帝都と軍隊』（日本経済評論社、2002）、『歴史資料の保存と地方史研究』（岩田書院、2009）、『新編博物館概論』（同成社、2011）、『米軍基地と神奈川』（有隣堂、2011）、『新博物館学教科書　博物館学Ⅰ』（学文社、2012）など。

表紙・表＝ルーヴル美術館／表紙・裏（上段）＝東京国立博物館（下段）＝国立科学博物館／扉＝大原美術館：いずれも著者撮影

神奈川大学21世紀COE研究成果叢書
神奈川大学評論ブックレット　34

博物館《はくぶつかん》の新潮流《しんちょうりゅう》と学芸員《がくげいいん》

2012年6月20日　第1版第1刷発行

編　者――神奈川大学評論編集専門委員会

著　者――浜田弘明

発行者――橋本盛作

発行所――株式会社御茶の水書房
〒113-0033　東京都文京区本郷5-30-20
電話　03-5684-0751

装　幀――松岡夏樹

印刷・製本――東港出版印刷株式会社

Printed in Japan
ISBN 978-4-275-00983-8　C1020